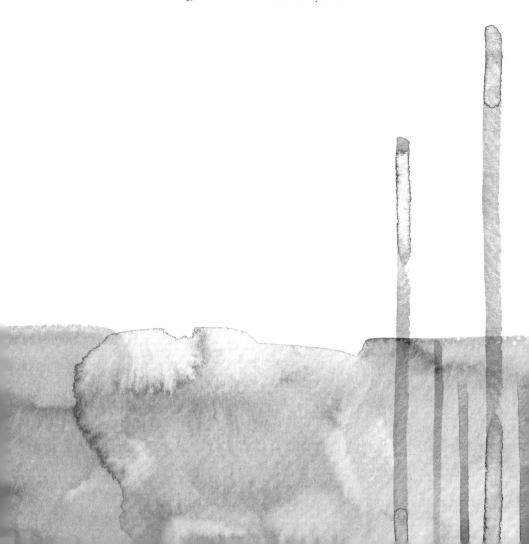

_____님께 이 책을 드립니다.

I give this book to you

기적

운풍 지음

시가출판사
Ciga Publisher

우리의 삶이 가장 절망적일 때
주님께 나아가면 구원의 문을 열어주십니다.

당신의 삶에
놀라운 기적을 체험하실 것입니다.

기적

깨어지고 찌그러져 볼품도 없고 쓸모도 없는 나를
주님이 찾아오셔서 기적같이 회복시켜 주셨습니다.

목차

이 책을 내면서

저는 한 순간의 교통사고로 말미암아 몸 과 마음이 다 망가져 폐품이 되고 보잘 것 없는 초라한 사람이 되어 절망적인 삶을 살고 있을때 기적처럼 하나님이 나에게 찾아오셔서 보여주시고 음성을 들려주시고 내 몸과 마음과 정신을 고쳐 주셔서 새로운 삶을 살게 되었습니다.

어려움이나 고난을 겪을 때는 나를 도와주시고 구원 해주셔서 그분의 은혜가 너무나 커서 나 혼자 간직하고 살아가기에는 너무나 아쉬워 모든 사람들과 공유하고 싶고 특히 몸과 마음과 정신이 피폐해지고 삶이 망가진 분들에게 나와 같이 회복 할 수 있는 길을 전해 드리고 안내해 드리고 싶어서 부족한 졸필을 쓰게 되었습니다.

이 책을 읽는 모든 분들이 나와 같이 살아계신 주님을 만나 기적의 삶을 체험하는 계기가 되었으면 좋겠습니다.

2023년 7월 전골 뜨락에서 **운풍**

문

운풍

자신의 삶에 문이 닫히면 두려워 말아요
끝이 아니예요
또 다른 문이 있어요

마르틴 허켄스를 보셔요
당신에게도 다른 희망의 문이 있어요

인생에는 문이 하나만 아니랍니다
또 다른 당신이 보지 못하는 문이 있답니다
그 문은 도전 하는자 에게만 열리는 문 이랍니다

낙심하지 말아요
당신에게 새로운 삶을 살아갈 수 있는
희망의 문이 있어요

추천의 글

예도해 목사님의 삶은 한마디로 정리하자면, "기적" 그 자체입니다.

예수 그리스도를 처음 만나는 시작부터 지금까지의 삶이 증명해 주십니다.

예 목사님과 교제한지는 23년이 지났습니다. 경상북도 의성군 다인면 조그마한 시골 농촌에서 목회할 때 개척한지 얼마 안 된 뉴욕의 저희 교회에 오셔서 말씀과 간증을 통하여 이 분의 진솔함과 순수한 믿음에 매료가 되었습니다. 특히 세 번의 엄청 큰 교통사고로 죽음의 골짜기를 겪으면서 체험한 신앙은 그 누구도 흉내 낼 수 없는 기적의 순간순간이었습니다.

그런 분이 이번에 세 번째 책을 냅니다. 첫 번째 책은 "구름이 가면 나도 가고", 두 번째는 시집으로 "별빛이 시가 되어 너의 마음에 담는다."이고 이번에 "기적"이라는 세 번째 간증집을 내게 되었습니다.

첫 번째 책과 일부 겹치는 부분도 있지만 이 책을 읽고 더더욱 감동을 받게 되었습니다. 참으로 순간순간마다 기적으로 살아오신 위기의 삶들이 보통 사람이라면 감당치도 못할 기적들을 실감 있게 보여주는 책입니다.

그러므로 성도들은 물론이고 불신자들에게도 강권할 수 있는 책입니다. 이 책을 읽으면서 살아계신 하나님을 못 만난다면 그것이 기적입니다. 그런 면에서 모든 분들에게 일독을 강추합니다.

"기적"을 읽으시고 "기적"을 체험하여 보세요.

뉴욕새예루살렘교회 은퇴목사 **노 기 송**

추천의 글

예도해 목사님과 동네 탁구장에서 알게 되었다.

사춘기를 앓고 있는 저의 딸을 위해 저에게 가끔씩 힘이 되는 조언도 해주신 분이였다.

목사님께서 경북 의성이라는 곳에 임마누엘 회복센터를 오픈한다고 명함을 주시길래 남편에게 한번 가 보자고 했더니 남편도 동의하여 금년 4월 어느 연휴 기간에 의성군 다인면 덕미리에 있는 임마누엘 회복센터에 찾아 갔다.

남편은 하나님을 모르는 불신자일뿐만 아니라 술 중독자였다.

그러면서도 회복센터라는 곳에 가겠다고 대답한것은 전적인 하나님의 은혜가 아닐수 없었다 .

오후 늦게 도착하여 식사후 저녁 예배를 드렸다. 이튿날 새벽부터는 비가 주룩주룩 내려 집으로 돌아올 때까지 비는 계속 내렸다. 이것도 역시 은혜였다. 온전히 예배와 기도에 전념 할 수 있었기 때문이다.

예목사님과 사모님은 식사시간에 남편에게 예수님을 믿게 된 이야기를 들려 주시면서 자신의 간증 책자 한권을 선물로 주셨다. 남편은 숙소에 들어와 밤새도록 그 책을 다 읽었다.

새벽기도에 다녀왔는데 교회라고 하면 손사래를 치던 남편이 하나님이 있는것 같다며 당신이 다니는 교회에 한번 가겠다고 하였다.

나는 너무나 놀라고 감격하였다

약속대로 남편은 교회에 발을 들여놓았다. 그렇게도 좋아하는 술도 끊고~ 기적 같은 일이었다.

예목사님께서 "기적" 이라는 간증책자를 출판 한다고 하니 감개무량하다. 목사님의 일대기의 삶이 제목 그대로 기적이다.

하나님의 살아계심 과 능력을 믿지 않은 세태에 꼭 이 책을 권하고 싶다. 이 책을 일독 하시면 저희 남편이 변화 된것처럼 심령과 삶속에 놀라운 기적의 변화가 일어 날것입니다.

포곡제일교회 집사 **주 영**

기적

제1부_ 망가진 나의 인생

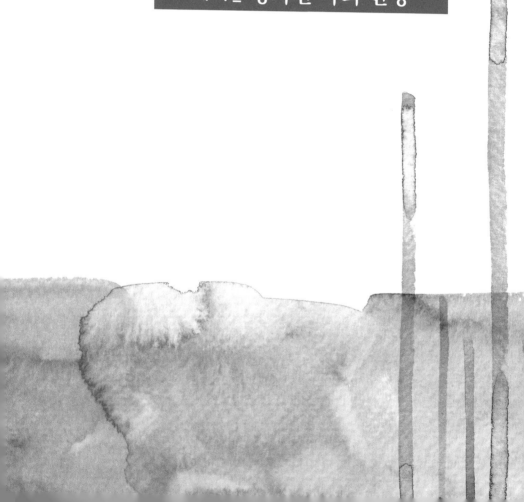

절망에 빠진 나의 인생

누구나 인생을 살다보면 뜻하지 않는 일로 인해 절망에 빠질 때가 있다.

내가 젊었을 때 일이다.

나는 군복무 3년을 마치고 제대를 하고 서울에 올라와 첫 사회경험을 쌓았다.

20대 후반에는 서울 광화문에 사무실 공간을 얻어 중동 건설 근로자들에게 필요한 물품을 취급하는 장사를 하였다. 당시 중동 건설붐이 일어나 장사가 잘되어 호황을 누릴 때였다. 나는 더욱더 장사가 잘 되기 위해 국내 처음으로 고객들을 위한 택배 서비스 시스템을 만들어 편의를 제공해주자 고객들의 반응이 폭발적이었다. 그날도 비가 많이 오는 아침 이었지만. 김포공항에 물건 배달 약속이 있어서 택시를 탔었다. 택시는 양화동 인공폭포를 지나 공항 방향으로 달리고 있었는데 차가 갑자기 빗길에 미끌어져 중심을 잃고는 중앙선을 넘어버리고 반대편 차선으로 들어가 버렸다.

조수석에 앉았던 나는 놀라 "어! 어! 어!" 소리를 내는 순간 달려오는 상대방 차량을 보고 충돌할 것 같아 아~악 소리와 함께 두 손을 얼굴을 감싸고 앞으로 고개를 숙이자 부딪히는 큰 소리가 나고 나는 그만 정신을 잃어버렸다.

눈을 떠 보니까 대학병원 병실 이었다. 온 몸에는 붕대가 감겨져 있고 목 과 허리에는 보호대를 차고 있으며 팔에는 여러 개의 약물 링겔 바늘이 꽂혀있는데 온 몸에 심한 통증 과 함께 내 몸은 움직일 수가 없었다.

나는 한순간에 끔찍한 교통사고를 당하였다. 하루아침에 날벼락 이었다.

병원에서 며칠간 정밀 진단 검사와 진료를 받고난 후 담당 의사 분이 병실에 찾아와서 나에게 결과를 알려주었다. 너무나 심한 충격으로 목뼈가 기역자 모양으로 휘어지고 손상이 있으며 허리 부분도 많이 다쳐 치료를 받아도 회복되기가 어렵고 평생 장애인으로 지내야 한다고 말씀을 하시는데 나는 병상에서 절망을 하였다.

그렇게도 건강했던 내가 왜 평생 불구자가 되어야 하는지 너무 낙심이 되어 병원 침대에서 밤을 지새며 눈물을 많이 흘렸다.

하루아침에 교통사고로 인해 내 삶이 완전히 무너져 버렸다, 너무나 괴로웠다.

날이 갈수록 얼굴에 마비증상이 오고 목은 잘 가누지 못하고 말은 어눌해지고 허리 손상으로 잘 걷지도 못하여 너무나 괴롭고 힘겨운 나날을 보내야만 했다.

몇 개월간 입원을 하면서 병원 재활치료를 마치고는 더 이상 사회생활을 할 수 없는 몸이 되어 모든 주변 것들을 정리하고 부산에 사시는 어머님에게로 내려가서 요양을 하였다.

아내의 반란

우리 집안은 불교 집안이다

어머님은 열렬한 불교 신자라 한 달에 한번은 버스를 타고 절에 가서 예불을 드리고 온다. 내가 어릴 적에는 가끔 데리고 가서 법당에 들어가 절을 하라고 가르치기도 하며 청소를 시키기도 했다.

어머님은 내 이름으로 새긴 큰 종을 절에 바치기도 하였다.

어머님은 나를 앉혀놓고는 자주 이런 말씀을 하셨다.

"우리 집안은 윗대부터 불교 집안이라 다른 종교를 가지면 안된다. 우환이 오고 큰일이 난다"고 하여 나는 타 종교에 대해 관심을 가져 본적이 없었다.

처갓집 식구들도 모두 불교 신자이다.

장모님과 4명의 처형들은 특히 불교에 깊이 심취 되어 있다.

장모님은 매일 집에서 예불을 드린다. 아내도 어릴 적부터 이런 환경 속에서 자라다 보니 결혼 했어도 매일 아침에 가게 문을 열면 염주를 돌리면서 불경을 읽거나 불경을 틀어놓는다. 처형들과 자주 절에 가기도 하고 산에 가서 기도도 하고 온다.

나는 서울 광화문에서 장사가 잘 되어 가게도 여러 개 확장 하고 직원들도 여러 명을 두게 되었다. 나는 바쁜 핑계로 가정에는 무관심 하였다. 아내는 힘들어 했다. 아내는 여러 절을 찾아다니면서 불공을 드려도 아무 효험이 없자 어느 날 방안에서 혼자 독백 하듯이 하나님이 정말 살아 계신다면 자기를 도와 달라고 기도를 하였다. 그런데 삶속에서 신기하게 여러 번 기도 응답의 체험을 하게 되자 아내는 스스로 굳은 결단을 하고 광화문에 있는 새문안교회를 찾아 갔다.

난생처음 아내는 예배당에 들어가 십자가를 보는 순간 무언가 뭉클 해지면서 눈물을 하염없이 흘렸다고 한다. 그 후로 아내는 나 몰래 교회를 계속 다니다가 어느 날 낮에 나에게 할 말이 있다면서 나를 붙잡아 앉히고는 폭탄선언을 하는 것이었다.

"여보 나는 이제부터 교회를 다닐거야!" 나는 그 소리를 듣는 순

간 너무나 놀라 정신이 하나도 없었다. 충격적 이었다. 갑자기 종교
를 바꾸겠다는 것이다. 불교에서 기독교로 이게 무슨 날벼락인가.
정말 있을 수 없고 생각해보지도 않은 일인데 이것은 나와 양쪽 집
안에 대한 대 반란 사건이었다.

나는 너무나 당황스럽고 화가 나서 단호하게 말했다.
"안돼 있을수 없는 일이야 교회 가지 마. 우리 집안은 대대로 내
려온 불교 집안이란 것 알잖아" 그러나 아내는 뜻을 굽히지 않고 자
기는 꼭 교회를 가겠다고 한다. 나는 그런 아내에게 손찌검을 하였
다. 그리고는 부산에 사시는 모친과 서울에 계시는 장모님께 연락을
하여 아내의 변심에 대한 이야기를 하자 난리가 났다.
어머님은 부산에서 급히 기차를 타고 올라 오셨다.
어머님은 화가 잔뜩 난 얼굴로 며느리를 앉혀놓고 엄하게 야단을
치셨다.

"우리 집안은 윗대부터 불교 집안인데 네가 갑자기 종교를 바꾼
다는 것은 있을 수 없다. 다른 종교는 절대 안돼！ 단호하게 말씀을
하시면서 너는 이 집안에 시집 왔으면 이 집안 법도를 따라야지" 하
시면서 큰 호통을 치면서 아내에게 지금 당장 결정 하라는 것이다.
"남편을 선택 할 것인가? 예수 믿는 것을 선택 할 것인가？ 그렇

치 않으면 보따리 싸고 이 집안에서 나가라"고 큰 소리로 야단을 치자 아내는 시어머님에게 울면서 "두 가지를 다 선택 하겠다고" 대답을 하자 어머님은 "절대 안된다"고 단호하게 말씀을 하셨다.

　아내는 다음날 보따리를 싸들고 집을 나가게 되었다.

　친정에도 갈수 없었다. 아내는 갈 곳이 없었다. 갈수 있는 곳은 하나님께 기도 하는 기도원 밖에 없었다. 아내는 오산리 기도원을 찾아가 그곳에서 울면서 하나님께 금식 기도를 하였다.

아내의 불같은 연단

아내는 교회 다니겠다고, 예수 믿겠다고 신앙고백 때문에 남편과 시어머님으로부터 쫓겨나고 친정 부모 형제들에게도 버림받고 자녀들과 헤어지게 되었다.

기도원에서 금식기도 마치고 내려와 서울 불광동에 조그만 단칸 셋방을 얻어 홀로 지내면서 눈물 기도를 주야로 하니까 옆칸에서 구멍가게 하는 집주인이 너무나 젊은 여자가 우는 기도 소리에 가슴이 찢어질 것 같아 너무나 힘들어 했다고 한다. 아내는 믿음과 눈물 기도로 힘겨운 나날을 보내고 있었다. 그런 가운데 아내는 교회 새벽예배 수요 저녁예배 주일예배 빠짐없이 참석하여 하나님의 은혜와 위로와 힘을 얻으면서 어려운 시련을 극복해 나가고 있었다.

미국에 있는 매형과 누나의 간절한 기도

매형 과 누나는 미국 동부 뉴저지 Wayne에 살고 있었다.

두 분이 미국 이민 갔을 때는 한인동포들 만나기가 어려웠다고 한다.

한인교회를 찾아 가야만 한국 사람을 만날 수 있고 한국말도 할 수 있고 그리운 한국 음식도 먹을 수 있어서 그 당시 한인 이민자 가족들은 주말만 되면 한인교회를 찾아가 외로움을 달랬다고 한다.

당시에는 한인교회가 너무 적어 찾아가려면 차로 30분 내지 2시간을 달려야만 갈수 있었다고 한다. 매형 누나도 승용차로 1시간 정도 걸렸다고 한다.

매형과 누나는 그렇게 일 년 이년 교회를 다니다가 어느 날 기도원 부흥집회에 참석하여 하나님의 은혜를 크게 체험 하고 나서는 기독교 신앙인으로 변화하여 하나님을 알지 못하고 믿지 않는 한국에 사시는 양가 부모님과 형제들을 위해 두 분은 매일 자가용으로 1시간을 달려서 새벽에 교회 문을 열고 제단 앞에 나란히 무릎 꿇고 기도를 하였다고 한다.

비가 오나 눈이 오나 하루도 빠지지 않고 7년간 하였다고 한다. 당시에 다니는 한인 교회에는 새벽기도가 없었다고 한다. 두 분이 처음이라고 한다.

두 분의 끈질기고 정성어린 새벽기도가 응답이 되어 불교신자인 양쪽 집안 부모님, 형제들이 다 교회로 나가 예수님을 믿게 되었다.

그 가운데 양쪽 집안에 목사가 4명이 배출되고 기독교 집안으로 완전히 바뀌게 되었다. 이 모든 것이 두 분의 정성어린 헌신의 기도 열매라고 여겨진다.

"진실로 다시 너희에게 이르노니 너희중의 두 사람이 땅에서 합심하여 무엇이든지 구하면 하늘에 계신 내 아버지께서 그들을 위하여 이루게 하시리라" (신약 마태복음 18장 19절)

초대의 발걸음

　나는 교통사고로 수개월간 병원에서 입원 치료하고 퇴원하여 운영하는 영업장들을 다 정리하고 부산에 계시는 어머님 집으로 내려가서 요양하고 있었다.

　어머님은 작은 며느리가 종교를 바꾸는 바람에 집안에 우환이 생겨 아들이 교통사고로 몸이 불구자가 되고 장사하는 것도 다 망하게 되었다고 모든 원망을 며느리에게 쏟아내며 미워했다. 아내는 집에 들어올 수 없었다. 종교의 갈등으로 아내와 가족들은 서로 떨어져 살아야만 했었다.

　어느 날 미국에 사시는 작은누나 와 매형의 반가운 국제전화가 왔었다.

교통사고로 인해 고생하는 동생을 위해 위로 안부 전화였다.

당시에는 국제전화 요금이 상당히 비싸. 한번하는 것도 어려운 시절 이었다.

그런데도 작은누나와 매형은 자주 나에게 국제전화를 하였다.

매형은 전화를 할 때 마다 나에게 예수를 믿으라고 권하는 것이었다. 나중에는 매형에게 예수 이야기 하지 말아달라고 거부감을 표시했다. 그런데도 매형은 아랑곳 하지 않고 예수를 전하는 것이었다.

하루는 매형이 나에게 간절히 부탁을 하는 것이었다.

"처남 예수를 믿으면 처남이 잃어버린 모든 것들을 다시 찾을 수 있으니 교회를 한번 나가보라고." 나는 이 소리가 듣기 싫어 반감을 가지고 "매형 예수가 어디 있어요 제가 학생시절 세계사를 배울 때 예수는 십자가에 처형당해 죽었다고 배웠는데 죽은 분을 왜 믿으라고 하냐고" 따지자 매형은 아니라며 "예수님은 살아 계신다고 교회를 나가면 만날 수 있으니까 처남이 교회를 한번 다녀보라고 처남이 3개월간 교회를 다녀보고 예수를 만나지 못하면 다시는 교회 가라고 전도 하지 않겠다고" 굳은 약속을 하는 것이었다.

나는 매형의 간절한 부탁 과 굳은 약속에 나의 마음이 약간 흔들렸다. 그러나 나는 다른 종교로 바꾸는것 생각해 본 적도 없었고 어릴 때부터 기독교에 대해 적대감이 있었기 때문에 나는 매형에게 며칠간 생각할 시간을 달라고 핑계를 대면서 전화를 끊었다.

다음날 어머니에게 매형이 교회 나가라는 권유에 대해 물어보니까 어머니는

"네가 알아서 결정해라 착하고 진실한 작은누나 매형이 너를 나쁜데로 인도 하겠냐 네가 교회 나가서 좋아진다면 나는 반대 안한다." 하시는 것이었다.

의외로 어머님의 하신 말씀에 나는 당황이 되어 어떻게 해야 옳은지 고민에 빠졌다.

며칠 후 매형에게 전화가 다시 왔다. 처남 생각 해봤냐 묻는 것이었다.

그래서 나는 매형에게 대뜸 이렇게 말했다.

"매형 그러면 매형 권유대로 3개월간 교회를 다녀보고 하나님을 못 만나면 다시는 나에게 전도 안하는거죠 그리고 제가 3개월간 교회 다니는 조건으로 돈 백오십 만원을 주시겠어요? 주시면 매형 권유대로 교회 다녀 보겠습니다." 하고 큰돈을 요구했다. 당시 서울 근교 조그만 연립주택이 400~500만원 정도 할 때이다. 왜냐하면 이렇게 큰돈을 요구하면 매형이 권유하는 것 취소 할 것 같아서 무리

한 요구를 매형에게 했던 것이었다.

그런데 매형은 한치 망설임도 없이 오케이 하는 것이었다. 나는 순간적으로 너무 놀라고 크게 당황을 하였다. 그렇게 큰 돈을 교회 다니는 조건 하나에 맞바꾸는 매형의 태도에 나는 너무나 놀라 충격을 받았다. 나의 생각은 완전히 빗나가 버렸다.

얼마 후 미국에서 약속대로 돈 일백오십 만원(1,500,000원)이 왔다. 며칠 후 매형에게서 전화가 왔다.

"처남 요구대로 돈 일백오십 만원 송금을 했는데 받았냐"고 물어 보면서 약속을 지켰으니 이제 처남도 나의 부탁을 들어줘야 한다면서 경기도 포일리에 있는 포일순복음교회를 찾아가서 3개월간 새벽 예배 수요예배 금요기도회 주일예배 참석만 하면 된다며 그 외 다른 조건은 없다는 것이었다.

나는 매형의 약속이 그리 어렵고 힘든 것이 아니라고 판단하여 혼쾌히 승낙을 해버렸다.

그러나 생전 처음 낯선 지역에 한 번도 가보지 않은 교회를 찾아가 려고 하니까 선뜻 용기도 나지도 않고 마음에 부담이 오는 것이었다.

그러나 매형에게 굳게 약속을 하였기에 고민이 되었다.

며칠간 골몰이 고민을 하다가 자존심을 모두 내려놓고 교회 다닌다고 쫓아낸 아내를 만나러 가야겠다고 생각을 하였다.

다음날 어린 아들을 데리고 함께 기차를 타고 서울에 있는 처갓집으로 찾아갔다. 마침 아내가 처갓집에 있다가 한밤중에 느닷없이 찾아온 남편과 아들을 보고는 아내는 너무나 놀라워하면서 너무나 보고 싶은 아들을 껴안고 눈물을 하염없이 흘리는 것이었다.

나는 아내에게 그동안 있었던 이야기를 했다. 아내는 너무 기뻐하며 좋아했다.

아내는 나의 부탁을 흔쾌히 승낙하고 그 다음날 우리 식구는 경기도 포일리에 있는 포일순복음교회를 찾아갔다.

목사님은 반가이 맞아주시면서 교회 근처에 방을 구하라고 권유해주셔서 부동산에 가서 조그만 단칸 셋방을 얻었다.

미국에 있는 작은 누나와 매형은 사랑하는 동생의 영혼이 구원받는 것이 세상에 어떠한 물질보다 더 소중하다는 것을 알고 있었기에 물질을 아낌없이 사용하여 동생을 교회로 인도 하였던 것이다.

새로운 세계

나는 아내와 함께 처음으로 순복음 교회 예배에 참석 하였다.

교회 안에 찬양하는 모습과 예배하는 모습이 너무나 생소하고 낯설고 신기했다.

새로운 세계에 들어온 것 같았다. 예배 마지막 부분 기도 시간에는 모든 성도들이 큰 소리를 내면서 기도 할뿐 아니라 두 손을 번쩍 들고 알아듣지 못하는 말을 하고 있는 모습이 난생 처음 겪어보는 광경이라 나는 너무나 놀라고 당황하였다. 모두가 광신도들 같이 보였다. 나는 기도는 조용하고 엄숙하게 하는 것이라고 생각하고 있었는데 너무나 큰 소리로 기도하니까 나는 너무나 놀라고 무서워서 얼른 교회 밖으로 나와 버렸다. 나는 집에 와서 고민에 빠졌다. 교회

가는 것이 엄청 부담스러웠다.

그러나 매형과 약속한 것이 있어 나는 한편으로 고민이 되었지만 3개월 동안 꾹 참고 견뎌보자고 마음속으로 다짐 하였다.

매일 새벽마다 전화 벨 소리에 잠에서 깬다. 새벽예배 참석 하라는 신호였다.

잠에서 덜 깬 상태에서 아내 따라 교회 가는 것이 소가 도살장 끌려가는 그런 느낌 이었다.

그 뿐 아니라 새벽예배, 수요예배, 금요기도회, 주일예배 1시간 넘게 앉아서 알지 못하는 찬송 알아 듣지도 못하고 이해도 안되는 설교 말씀을 듣는 것이 지루하고 잠도 오고 여간 힘든 것이 아니었다. 일주일을 이러한 생활을 해보니까 나에게는 '큰 곤욕 이었다. 매형하고 약속한 것이 너무나 크게 후회감이 들어왔다.

그러나 약속을 취소 할수 없었다.

매형이 보내준 약정금을 써 버렸기 때문이다. 나는 어떻게 하든지 이 굴레에서 벗어나고 싶어서 고민을 하기 시작했다.

마침 좋은 생각이 떠올라 교회 안에서 담배 피우기로 했다. 예수 믿는 신자들은 술 과 담배를 안하기 때문에 특히 교회 안에서 담배를 피우면 신자들이 쫓아낼 것 같아서 그러면 이 핑계로 교회 다니는 것 그만 둘 수도 있고 자연스럽게 계약이 종료 될 수 있기 때문에 좋은 생각이라고 여겨 실천하기로 하였다.

# 극적인 만남

나는 교회 안에서 담배를 피우기 시작했다 교회 안에 담배연기와 담배냄새가 자욱했다. 그러나 목사님과 신자들은 나에게 야단도 치지도 않고 쫓아내지도 않고 모르는 척 하는 것이었다. 나의 생각과 판단이 빗나가버리자 오기가 생겼다.

그럼 누가 이기는가 보자하고 나는 교회 안에서 계속 담배를 피웠다.

교회에서 아내는 나의 강한 성격과 고집을 이길 수가 없어서 담배를 사다주지만 항상 내 앞에서 기도 하였다 "하나님 우리 남편 교회 안에서 제발 담배를 피우지 않도록 해 주세요" 라고. 나는 그 기도 소리가 듣기 싫어 내 앞에서 하지 말라고 야단을 치기도 하였다.

그렇게 교회 다닌지 15일째 되는 날 이었다

　그날도 교회 안에서 소형 전축으로 팝송을 듣고 담배를 피우고 저녁이 되어 집으로 가려고 소형전축을 들고 예배실 안에서 밖으로 나가려고 걸어가는데 예배실 출입문 못 미쳐 교회 의자 맨 끝쯤에 왔을 때 갑자기 내 몸에 힘이 쏙 빠지면서 들고 있는 소형전축을 맨 뒤 의자에 놓고는 걸어왔던 방향 반대로 턴 하면서 무엇에 홀린 듯이 이끌려 강대상 쪽으로 가는 것이었다. 그리고는 강대상 앞에서 나는 난생 처음 무릎을 꿇었다. 그리고는 머리를 깊이 숙였다.

　나는 어떠한 거부 반응이나 반항도 할 수 없었다. 무언가 시키는 데로 내 몸은 움직이고 있었다. 그런데 갑자기 내 혀가 길게 빠지면서 내 눈에 보이는 것이다. 그리고는 혀가 천천히 둘둘 말리면서 내 입 천장에 갖다 넣는 것이다.

　나는 그 광경에 너무나 놀라 무서워하고 있는데 그 순간에 어디선가 큰 음성이 내 귀에 들려왔다 "너 어디서 담배를 피우느냐" 너무나 엄한 음성이었다. 나는 그 음성에 너무나 놀라고 무서워서 나도 모르게 얼른 상의 호주머니에서 담배와 라이터를 꺼내 바닥에 던지고는 나는 "아이고 하나님 아버지 잘못 했습니다. 잘못 했습니다." 라고 큰 소리를 내면서 용서를 비는 것이었다.

　그 순간에 내 머리에 파노라마처럼 스쳐 지나가는 많은 잘못된

죄들이 드러나는데 나는 하나 하나 보여줄 때마다 "하나님 아버지 이것도 잘못 했습니다 이것도 잘못 했습니다" 죄가 들추어 질 때마다 잘못했다고 참된 회개의 고백과 함께 눈물 콧물이 쏟아져 나오는데 걷잡을 수 없었다. 바닥에 꿇은 무릎 앞에는 눈물과 콧물이 흥건히 젖어 있었다. 얼마나 뜨거운 눈물을 흘리며 회개 하였는지 난생 처음 이렇게 많이 울어 본 적이 없었다. 처음이었다.

울음소리가 서서히 그치자 따뜻한 음성이 내 귀에 들렸다. 가만히 들어보니까 나를 부르는 것 이었다. "아들아!" 하는 소리에 나는 강대상 위쪽으로 고개를 들어 쳐다보았는데 갑자기 내 앞에 희한한 광경이 펼쳐졌다. 갑자기 내 앞에 있었던 강대상과 제단이 안보이고 내 앞 전체가 구름 같기도 하고 뿌연 안개 같기도 한 것이 덮여지면서 중앙 윗부분에 하얀 옷을 입은 거룩한 분이 구름 같은 것에 가려 반신 상 으로 나타나 있어서 누군가 하고 자세히 보는데 얼굴 형태와 어깨 팔 옷자락 형태는 보이는데 얼굴 모습이 또렷하게 보이지 않고 내 마음에 거룩하신 하나님 이라는 느낌만 오는 것이었다.

거룩하신 그분이 항아리를 들고는 제 머리 쪽으로 기울여 부으시는데 항아리에서 무엇인가 흘러 내려오는 것이 기름 같기도 하고 물 같은 것이 주르륵 내 머리에 떨어지는 것이었다. 나는 하도 이상해서 손가락으로 가르치면서 그 분께 물었습니다. 항아리에서 나오는

"그것이 무엇입니까" 묻자 그 분이 말씀 하시기를 "성령의 세례다" 고 말씀을 하시는데 난생처음 들어보는 소리이며 단어였다.

다 부으시고는 그 분께서 항아리를 드니까 그 순간에 갑자기 모든 현상들이 다 사라지면서 원래 있는 모습대로 강대상이 나타나고 제단이 나타나면서 무릎 꿇은 제 몸에는 갑자기 진동이 오면서 머리에서 발끝까지 불같이 뜨거워지는 것이었다.

심한 진동으로 내 몸 전체가 용수철이 튀듯이 올라갔다가 내려왔다가 끊임없이 반복 하면서 입에서는 알아들을 수 없는 방언이 빠르게 나오는데 정신이 하나도 없었다.

그 시간 내가 얼마나 큰 소리로 방언 기도를 하였는지 마침 교회 앞으로 지나가는 여자 집사님이 교회 안에서 기도하는 소리가 길거리 밖에까지 크게 들렸다고 이야기를 해주었다. 나는 정말 정신없이 뜨겁게 큰 소리로 몇 시간을 기도했다.

그렇게 몇 시간을 세멘바닥에 무릎을 꿇었는데도 전혀 아프지도 않았다. 나에게는 상상할 수도 없는 너무나 신비한 체험을 하고 있었다. 나는 어릴 적부터 지금까지 바닥에 무릎을 꿇어 본적이 없었다. 무릎을 꿇으면 너무나 아파서 꿇지 안했다. 이것은 오직 신의 힘으로만 할 수 있는 사건이었다.

망나니가 변하여 복음전도자로

내 몸에 진동이 서서히 그치고 기도가 끝날 쯤에 나는 또 다시 내 몸에 진동이 올까봐 겁이나 두 손을 꽉 쥐고 황급히 교회 밖으로 나왔다. 집으로 가는데 내 몸과 발걸음은 완전히 술에 취한 것처럼 몽롱하게 가는 것이다. 얼굴은 빨갛게 달아있고 입에는 자꾸만 방언으로 혼자 중얼거리며 말하는데 멈추지가 않는 것이다.

집에 도착하니까 아내가 나의 모습에 놀라 묻는 것이다. 나는 대답을 하는데 한국말이 아니고 방언으로만 말하는 것이다. 아내는 나의 모습에 너무나 놀라고 신기해하면서 나를 소파에 앉히고는 진정을 시키는데 나는 진정이 안되고 자꾸만 몸이 뜨거워져 아내에게 손짓으로 몸이 이상하니 목사님이나 권사님에게 전화 연락을 해보라고 시키자 아내는 목사님께 전화를 하였지만 연락이 안되어 교회 권사님에게 전화를 하여 연결이 되자 아내는 권사님에게 차종치중 설명을 드리자 권사님이 자기 있는 곳으로 오라는 것 이었다. 나는 아내와 함께 권사님 계시는 집으로 찾아갔다.

권사님은 영성이 깊고 기도를 참으로 많이 하시는 교회 영적 지도자 되시는 분이시라 나의 모습을 보고는 예배를 드리자며 권사님 자녀와 우리 부부 4명이 둘러앉아 예배를 드리고자 찬양을 부르는데 내 몸이 또 다시 불같이 뜨거워져 나는 온 몸이 뜨겁다고 하면서 방 안을 뒹구르자 권사님께서 나의 가슴에 손을 대시고 방언으로 기도를 하니까 내 몸이 진정 되는 것이었다.

권사님 집에서 예배를 마치고 집으로 돌아가는데 나는 집에 가고 싶지 않고 교회에 가서 기도 하고 싶은 마음이 일어나 아내에게 나는 교회에 가서 기도하고 싶다고 말하자 아내는 놀라워하면서 그렇게 하라면서 집으로 돌아가고 나는 곧장 교회로 발걸음을 옮겨 예배당 교회의자에 앉아 "주여!" 하고 큰 소리로 부르니까 또 다시 내 몸이 뜨거워지면서 입에서 방언이 나오는데 끝없이 하는 것이었다.
기도의 삼매경에 빠져버려 시간 가는 줄 몰랐다. 새벽예배 시간이 되어 성도들이 하나 둘 의자에 앉는 소리에 나는 그제야 기도를 마쳤다.참으로 오랫동안 기도하였다. 나는 잠시 기도 한 것처럼 여겨졌는데도 밤새 자지 않고 기도 하였던 것이다. 정말 신기한 체험이었다. 기적 같은 일이다.

나는 맨 앞자리에 앉아 새벽예배를 드렸다.

자세를 똑바로 하고 목사님이 말씀하시는 것을 집중하며 듣는데 나도 모르게 입술에서 아멘이 나오는 것이었다. 큰 소리로 아멘 하니까 목사님도 깜짝 놀라시고 성도들도 다 놀라 일제히 나를 쳐다보는 것이었다. 어제까지만 해도 예배드리는 것이 지겹고 힘들어 하고 기도시간에는 도망 가버리고 하던 천방지축 같은 망나니가 하루아침에 완전히 180도 바뀐 모습에 모두가 놀라 나를 다 쳐다보는 것이었다.

하나님이 하루아침에 한순간에 나를 완전히 바꾸어 놓아 셨는것이다.

이것은 오직 하나님만이 할 수 있는 일이다. 참으로 기적이다.

예배 마지막 부분 통성기도 시간에 어제만 해도 기도하지 않고 교회 밖으로 나와 버리는 망나니였는데 오늘은 성도들과 같이 소리 높여 주여 부르며 통성기도를 하였다.

내가 태어나서 처음으로 예배시간에 통성 기도하는 대 사건 이었다.

두 손들고 한참 기도하고 있는데 하나님이 나에게 음성을 들려

주시는 것이었다.

"아들아 너는 앞으로 전 세계에 나가 복음을 전할 것이다" 말씀을 하시는데 나는 믿기지가 안해 "아버지 나는 교통사고를 당해 장애인이 되어 모든 것 잃은 사람인데 어떻게 전 세계로 나갑니까" 하고 말을 하자 하나님은 나에게 3번이나 "너는 전 세계로 나가 복음을 전할 것이다" 라고 말씀을 해주시는데 나는 눈가에 눈물이 하염없이 흘러 내렸다.

좌절된 나에게 큰 희망과 소망을 주시는 하나님이 너무나 감사하여 나는 "아버지! 아버지!" 하면서 하염없이 흐느껴 울었다.

내 눈물의 기도가 끝나자 눈을 떠보니까 모든 교인들은 다 집으로 가고 나 혼자만 남아 기도 하고 있었다. 교회 밖에 나와 보니까 낮의 해가 중천에 떠 있으며 바깥세상이 새로운 세상으로 느껴졌다.

온통 세상이 너무 아름답고 사랑스러웠다.

하늘에서 금가루가 내려오는 것처럼 반짝 반짝 하는 것 같고 나무와 꽃들이 너무나 아름답게 보여 나도 모르게 "참 ! 아름다워라 주님의 지으신 세계"가 하면서 내 입에서 찬양이 나왔다. 찬양을 부르면서 집으로 가는 나의 발걸음이 너무나 가볍고 신이 났다.

폐품처럼 다 꾸겨지고 부셔진 나를 만나주시고 변화 시켜주시고 꿈을 주신 하나님을 전하고 싶은 마음이 너무나 뜨겁게 마음에서 일어나 동네를 한 바퀴 돌면서 큰 소리로 외쳤다.

"예수 믿으셔요! 잃어버린 본향을 찾읍시다! 예수 믿으셔요! 예수 믿고 구원 받읍시다!" 하루아침에 나는 하나님을 뜨겁게 전하는 전도자가 되어버렸다.

이후로 나는 날마다 새벽예배 마치면 온 동네를 돌면서 큰 소리 외치며 노방전도를 하였다.

하루는 담임 목사님이 길거리에서 큰 소리로 복음 전하는 것을 방안에서 듣고 궁금하여 창문을 열고 보니까 자기 교회 성도 망나니가 변하여 아침에 노방전도 하는 모습을 보고는 손을 흔들며 웃으시며 격려 해주시는 일도 있었다.

어떤 집에서는 남편이 "아침에 이것 무슨 소리고" 묻자 아침 식사를 준비하는 부인이 "당신 예수 믿고 천국 가라고 하는 소리요" 하면서 방안에 있는 남편에게 까지 전해지는 일도 있었다.

어느 가정주부는 두부장수가 소리치는줄 알고 두부를 사기위해 냄비를 들고 나오는 진풍경도 있었다.

제2부_ 새로운 나의 인생

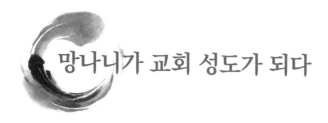

망나니가 교회 성도가 되다

망나니가 하나님을 만나고 난 후 완전히 180도 바뀌어졌다.

교회 안을 세상 팝송으로 담배연기로 더럽혔던 내가 스스로 깨끗한 걸레와 수건을 챙겨 날마다 교회에 가서 강대상부터 제단 의자 교회 바닥 화장실까지 쓸고 닦고 깨끗하게 청소를 하는 사람으로 변하였다. 그렇게 해야 내 마음이 편하고 즐거웠다. 특히 강대상을 닦을 때 마다 울기도 많이 울고 회개도 많이 했다.

전도와 교회생활을 정말로 열심히 했다.

한해가 저물어 갈 때 교회에서 새해 교회 봉사할 직분자를 뽑는데 전 교인들이 제일 먼저 나를 지명하면서 서리집사 직분을 주자고 건의 동의하는 것이었다. 그로인해 나는 교회 서리집사 임명장을 받았다 정말 꿈만 같았다.

나 같은 망나니가 이제는 주님의 몸된 교회 일꾼이 되었다는 것이 이 모든 것이 하나님의 은혜였다.

"그런즉 누구든지 그리스도 안에 있으면 새로운 피조물이라 이전 것은 지나 갔으니 보라 새것이 되었도다." (신약 고린도후서 5장 17절)

하나님의 역사와 은혜

교회 나간지 6개월 만에 고향 부산에 가게 되었다.

부산 어머님 집과 신앙생활 하지 않은 형님 가정에도 전도 할겸 방문 하였다.

어머니와 형님 가족들이 변화 된 나의 모습에 반가워하며 내가 하나님을 만났던 간증을 하니까 모두 놀라워했다. 마침 형님 가정에 큰 아들이 교회를 다니고 있었다.

나는 조카를 앉혀놓고 전도의 중요성과 전도를 꼭 해야만 하는 이유를 설명을 해주었다. 그랬더니 조카는 교회 청년 3명을 데리고 와서 밖에서 나를 불렀다.

"삼촌 지금 밖에 비가 많이 내리는데 전도 할 수 있겠어요?" 밖을 보니 비가 많이 내리고 있었다.

나는 조카와 청년들을 방안에 데리고 들어와 그들과 진지하게 이야기 했다.

"하나님은 전도 하는 것을 너무 기뻐하시고 전도하는 자와 함께 하시니까, 비가 와도 전도하자 하나님이 반드시 우리를 도와 주실거야."

그렇게 그들에게 믿음을 심어주고는 각자 우산을 하나씩 들고 밖으로 나갔다.

길거리에는 사람이 하나도 보이지 않았다. 조카와 친구들은 모두 나를 쳐다보면서 말했다. "삼촌 사람이 한명도 없는데 어떻게 전도를 해요?" 현실적인 상황은 정말 이 친구들의 말이 맞는 것 같이 보였다. 그렇지만 하나님 백성들이 하나님을 전하는 일을 하겠다는데 왜 도와 주시지 않겠는가? 나는 하나님께서 우리의 삶 가운데 살아 계셔서 항상 도와주신다는 믿음 과 확신이 있었기에 그들에게 이렇게 말했다.

"우리 모두 이 전봇대에 둘러서서 하늘을 향해 기도하자 전도할 수 있도록 비를 그치게 해달라고" 그러면 하나님이 반드시 우리의 기도를 들어주실 것이라고 하자 다같이 소리내어 통성기도를 하였다.

장대비가 쏟아지는 전봇대에서 젊은이들이 한손은 우산을 들고 한손은 전봇대를 붙잡고 뜨거운 합심 기도를 하자 거리에 함성의 소리로 변하여 울려 퍼졌다.

정말 잊지 못할 장관이었다.

20~30분 가량 기도를 하고 마치자 놀라운 기적이 일어났다. 하늘에서 내리던 장대비가 멈춘 것이었다. 모두가 놀라워 하면서 "와아" 하면서 기도응답에 너무나 좋아했다.

"이제 우리 모두 전도 하러가자" 사람들이 많이 살고 있는 엄궁 아파트 쪽으로 발걸음을 옮기니까 사람들이 막 쏟아져 나왔다.

우리 모두 한사람씩 만나 길거리에 서서 어떤 이는 같이 쪼그려 앉아서 복음을 전했다. 지나가는 사람들은 무슨 일인가 궁금해서 가까이 왔다가 복음을 듣고는 너도 나도 영접카드에 적으면서 등록을 하는 것이었다.

교회 청년들은 난생 처음 길거리에서 복음을 전하며 사람들에게 주님을 영접 시키고 등록까지 시키니 너무 좋아서 청년들이 나에게 엄지 손가락을 치켜 세우며 좋아했다.

우리는 그렇게 신이 나서 만나는 사람들 마다 붙잡고 복음을 전했다. 그날 1시간 5분 정도 전도 하였는데 60명을 카드에 등록을 시켰다.

우리는 너무나 신이 나서 엄궁 반석 교회까지 한 줄로 서서 팔을 흔들며 찬송을 부르면서 걸어갔다. 교회에 들어가서 우리들은 하나님께 감사기도를 드리면서 얼마나 감사의 눈물을 흘렸는지 모른다.

다시 한번 하나님의 살아계심과 도우심의 기도응답에 체험하는 계기가 되었다.

이로 인하여 나는 엄궁 반석교회에 초청되어 간증집회까지 하였다.

나에게 영원히 잊지 못할 추억이며 하나님의 역사와 도우심이었다.

"제자들이 나가 두루 전파 할 새 주께서 함께 역사하사 그 따르는 표적으로 말씀을 확실히 증언하시니라" (신약 마가복음 16장 20절)

제3부_ 사역자의 길

순종의 길

교회 담임 목사님께서 나를 부르시고는 신학공부를 하라고 권유하셨다.

그러나 나는 너무나 부족한 것이 많아 신학공부를 해서 목회자가 된다는 것은 생각을 해 본적도 없고 그리고 형편이 어려워 신학공부를 할 수 있는 입장도 아니었다. 그러나 기도 많이 하시는 권사님도 신학교를 갔으면 좋겠다고 하고 주위에 여러 지인들이 똑같은 이야기를 하니까 한동안 고민에 빠지게 되었다.

어느 날 교회 집사님께서 저의 가정형편의 어려움을 알고 돕고 싶다면서 자기회사에서 생산되는 물건을 납품 하여 돈을 벌어 생활

하시라고 남대문 시장에 있는 거래처까지 소개를 해주었다. 물건만 잘 배달하면 돈을 벌 수 있는 좋은 여건이라 한번 이 일을 하고자 옆집에 가서 차비를 빌려 남대문시장에 있는 거래처를 찾아갔다.

서울 남대문시장 입구에 버스에서 내려 시장 입구로 막 들어가고자 하는데 갑자기 내 귀에 주님의 음성이 들려오는 것이다 "너는 지금 교회 가서 기도하라" 하시고는 내 발걸음을 반대방향으로 돌리시고 남대문 지하상가 쪽으로 인도 하시는 것이었다.

나는 걸으면서 하나님께 대꾸 하였다 "주님 왜 돈을 벌지 못하게 막으십니까 제가 돈 버는 것이 잘못된 일입니까? 제가 돈을 벌지도 않고 성경책만 읽고 기도와 전도만 하고 있다고 주위에서 이상하게 보고 있습니다. 하나님 왜 이렇게 하십니까." 하나님께 푸념조로 말하고 있는데 발걸음은 지하상가 건너편 밖으로 나가게 하고서는 빨간 벽돌로 지어진 큰 교회를 보여주면서 인도하는 것이었다. 평일날이라 교회는 조용하고 예배당 안에는 아무도 없었다.

나는 예배당 긴 의자에 앉아 큰 소리로 기도했다 "주님 왜 이렇게 하십니까? 저는 돈을 벌면 안됩니까?" 하는 순간 나의 기도가 방언으로 바뀌면서 깊은 기도의 삼매경에 빠지게 되었다.

깊은 기도 속에서 내 모습을 보여주시는데 내가 교회 강대상에서 열정적으로 설교 하는 장면 이었다. 나는 너무 놀라 하나님께 물었다 "주님 그러면 내가 설교하는 목사가 되라는 것입니까" 묻자 그

순간에 내 마음속에서 "그렇다"라는 느낌이 오면서 속에서 기쁨이 올라오는 것이었다.

나는 기도를 마치고 예배당 안에서 큰 소리로 "주님 감사합니다. 감사합니다. 제가 순종하고 신학교 가겠습니다."하고 하나님께 선언을 하였다.

내 발걸음을 인도 하시고 가야할 길을 가르쳐주신 주님께 너무 감사하여 돌아갈 차비를 빼고는 갖고 있는 돈 전부 현금함에 헌금하고는 기쁜 마음으로 집으로 돌아왔다.

나는 남대문 시장 입구 건너편에 교회가 있다는 것 나는 전혀 몰랐는데 하나님은 다 알고 계셨던 것이다.

신약 사도행전 10장을 보면 고넬료에게 하나님의 사자가 나타나 "네 기도와 구제가 하나님 앞에 상달되어 하나님이 기억하고 있으며 지금 사람들을 욥바에 보내어 해변에 무두장이 시몬의집에 베드로가 있으니 찾아가서 집으로 청하라"는 말씀처럼 하나님은 우리 눈에는 안 보이지만 다 보고 계시며 다 알고 있다는 것을 알 수 있다.

나는 집에 돌아와 아내에게 남대문시장 입구에서 있었던 모든 이야기를 해주자 아내는 하나님께서 행하신 모든 일에 영광을 돌리며 내가 신학교 가는 것을 적극 환영하였다. 우리 부부는 무릎을 꿇고 하나님께 감사기도를 드렸다.

기도의 응답

신학공부를 하면서 방과 후에는 노방 전도를 하였다.

차츰 교우들이 함께 참여 하면서 노방전도 하는 팀이 구성되어 길거리에서 열심히 전도 하였다.

노방전도

나는 어떻게 하면 좀 더 노방전도에 효과가 있는 것이 무얼까 늘 생각하는 가운데 특이한 아이디어가 떠올라 실행하기로 하여 제작을 의뢰 하였다.

가죽조끼로 만든 특수복에 아크릴로 만든 전도 글자에 전구를 넣어 저녁에도 환하게 보이게끔 스위치 장치를 만들고 또 다른 하나는 손에 들 수 있는 십자가를 만들어 스위치를 누르면 들고 있는 십자가에 불이 들어와 환하게 비칠수 있도록 전문 제작 업소에 찾아가 만들어 달라고 하여 여러 번 작업 과정을 거쳐 완성 시키는데 비용이 꽤 많이 들었다.

이 비용을 충당 하기 위해 나는 아내와 의논하여 우리 가족이 살고 있는 월세 집을 내놓고 그 돈으로 두 가지 전도용품을 만들어 신학교 수업이 끝나면 전도복을 입고 전도 십자가를 들고 다니면서 밤 늦게까지 길거리 노방전도를 하였다.

우리 가족은 집이 없어 친한 교인 부모님이 사셨던 빈집에 잠시 무상으로 살고 있었다. 어느 날 친한 교인분이 오셔서 시골로 내려가신 부모님이 다시 서울로 올라와 사시겠다고 갑자기 연락이 왔다면서 일주일 후에 집을 비워 달라고 하여 우리 부부는 난감 하였다, 방을 구할 돈이 없는데 어떻게 이사를 하지 하고 큰 걱정을 하였다.

너무나 난감하고 어려운 처지에 놓여 하소연 할 곳은 오직 하나님 밖에 없었다.

우리 부부는 어린 아들 손잡고 곧장 오산리 기도원에 올라갔다.

그곳에서 3일 작정기도를 하였다. 날마다 밤새도록 기도 하였다. 정말 애타는 기도였다.

마지막 3일째 되는 밤에는 제단 앞에 나아가 무릎 꿇고 울면서 간절히 기도 했다.

"하나님 아버지 내일이면 작정기도 마치고 기도원에서 내려가야 합니다. 아버지 저희 가족들이 갈 곳이 없습니다. 전도하는데 돈을 다 써 버려 돈이 없어서 이사 할 방을 구하지 못하고 있습니다. 아버지여 저희 가족들이 기거 할수 있는 방을 주십시오." 이 기도를 한참 하다가 나중에는 마음이 다급해지니까 한마디만 나왔다. "아버지 방! 방! 방!" 너무나 갈급한 부르짖음의 기도였다. 나는 밤새 애절하게 눈물을 흘리면서 하나님께 기도했다.

그런 저에게 하나님께서 외면 하지 않으시고 음성을 들려주셨다.

한참 기도하고 있는데 "목회를 해라 ! , 목회를 해라 ! "는 두 음성을 내 귀가에 들려주시는 것이었다.

나는 너무나 의아해서 "아버지여 목회가 아니고 방입니다. 방을 구합니다. 방이 필요합니다. 목회는 나중에 신학공부 다 마치고 하는 것 입니다. 아버지여 저에게 당장 필요한 것 방입니다. 아버지여 순서가 바뀌었습니다. 아버지 방 주세요. 아버지! 방입니다. 방입니다." 간절히 호소하여도 더 이상 아무 대답이 없었다.

어느덧 새벽이 되자 기도를 멈추고 지쳐서 누워있는데 잠이 들어 버렸다.

아침이 되자 아내가 와서 나를 깨워 일어나서 짐을 챙기면서 아내에게 "하나님이 기도응답은 해주셨는데 방이 아니고 목회를 하라고 하는데 현재 목회 할 처지도 아닌데 우리 어떻게 하나 기도원에서 내려가면 당장 짐을 챙겨 집을 비워 주어야 하는데 우리 어디로 가야하지? 갈 곳이 없잖아" 하며 걱정 하니까 아내는 모든 것 하나님께 맡기자며 어린 아들 손을 잡고 기도원에서 내려가는데 갑자기 내가 아는 김형탁 목사님이 생각이 나서 아내보고 집에 가기 전에 김형탁 목사님한테 한번 찾아 가보자고 하니까 아내도 좋다고 하여 우리 부부는 서울 은평구 증산동에 사시는 김형탁 목사님이 계시는 집으로 발걸음을 옮겼다.

목사님은 우리 가족을 반갑게 맞아 주시면서 방으로 안내하여 차를 대접 해주셔서 차를 마시면서 나는 목사님에게 그동안 있었던 이야기를 하면서 울먹이자 목사님은 "아 너무 잘 됐다면서 마침 시골에 교회가 있는데 목회자가 없어서 지금 목회자를 구하고 있는데 그곳에 한번 가보지 않겠냐고" 말씀을 하시면서 "교회 옆에 방 3개 딸린 사택도 있다고" 이야기를 해주자 우리 부부는 방이 있다는 소리에 깜짝 놀라면서 너무 좋아서 목사님한테 "저희 부부가 그곳에 가겠습니다" 하니까 목사님이 좋아 하시면서 오늘 당장 갔다 오자고 하시면서 저희 부부를 교회 승합차를 태워 시골로 안내 하였다.

"사람이 마음으로 자기의 길을 계획 할지라도 그 걸음을 인도하는 자는 하나님 이시니라." (구약 잠언16장 9절)

차량은 한참 달려 경상북도 문경을 지나 풍양 다인으로 가는 시골길은 도로 포장이 안되어 있어 승합차가 너무나 덜컹거려 차 안에서 많은 고생을 하였다.

경상북도 농촌 조그만 시골 마을에 도착해보니 부락 한복판에 예배당이 세워져 있고 옆에는 사택 건물이 있었다.

가까이서 보니까 예배당에 창문이 없고 교회 담장도 없고 사택에는 출입문 손잡이가 없으며 화장실이 제대로 되어있지 않았다.

공사 하다가 중단된 조그만 시골 마을 개척교회였다.

더군다나 성도가 전혀 없었다.

그러나 우리 부부는 길거리에 나 앉지 않고 우리 가족이 당장 기거할 수 있는 집 공간이 있다는 것과 예배를 마음껏 드릴 수 있는 예배당이 눈에 들어와 너무나 좋아 교역자 예우나 교회형편도 묻지도 않고 무조건 목사님에게 여기 좋습니다! 있겠습니다,

여기서 사역을 해보겠다고 했다.

그러자 목사님이 너무 좋아하시면서 그럼 당장 서울의 짐을 챙겨 이사를 하자고 하여 서울로 다시 올라갔다.

우리 부부는 길바닥에 나 앉게 되지 않고 거처가 해결 되니까 너무나 좋아했다.

하나님께 감사기도를 드렸다.

서울로 올라가서 짐을 챙기고 화물차를 빌려 이사를 하였다.

하루아침에 나는 집이 해결되고 시골 개척교회 목회자가 되었다.

정말 기적 같은 기도의 응답이며 하나님께서 하신 말씀이 이루어지는 날이었다.

"너는 내게 부르짖으라 내가 네게 응답하겠고 네가 알지 못하는 크고 은밀한 일을 네게 보이리라" (구약 예레미야 33장 3절)

우리 부부는 난생 처음 시골에 살게 되었다.

이것은 우리의 의지가 아니라 전적 하나님의 인도하심이었다. 기적이었다.

우리 부부는 대도시에서 태어났고 자랐다. 아내는 서울 태생이고 나는 부산 태생이다. 우리 부부는 시골에 가서 생활한다는 것은 생각을 해본적도 없고 꿈을 가져 본적도 없다. 그런데 하루아침에 경상북도 농촌지역 조그만 시골 마을에 내려왔다. 너무나 생소하고 낯선 곳이었다. 생활과 문화가 전혀 다른 곳에 우리 가족은 정착을 한 것이다.

첫날은 이사 하느라 피곤하여 잠을 일찍 청하였는데 다음날 이른 아침에 경운기 큰 경음 소리 와 소들의 우는 소리에 깜짝 놀라 잠에서 깨어 여기가 어디지 하고 어리둥절하였다. 색다른 아침이 너무 낯설고 당황했다.

그러나 우리 가족이 이제는 편안하게 잘 수 있는 방이 있고 예배와 기도를 언제든지 드릴 수 있는 예배당이 있으니까 낯선 환경도 이길수 있었다.

하나님의 역사로 시골교회가 세워지다

시골 개척교회라 성도가 하나도 없었다. 5개월간 우리 가족만 예배를 드렸다.

어느 주일날 아내와 단둘이 예배를 드리는데 연로하신 할머니 한 분이 예배당 문을 삐걱 열고 들어오셨다. 5개월 만에 처음으로 사람이 오니까 강대상에서 보고 있던 나는 너무 기분이 좋아 더욱 힘있게 찬양을 불렀다.

그런데 할머니가 자리에 앉지 않고 이리저리 다니면서 파리를 잡듯이 박수를 치는 것이다. 자세히 보니까 귀신 들린 할머니였다.

아내는 그런 할머니를 손을 붙잡고 자기 옆에 조용히 앉혀 같이 예배드리게 하였다.

나는 강대상에서 마음으로 하나님께 조용히 말했다. "하나님 교회에 첫 성도를 보내줘도 어찌 이렇게 야무진 성도를 보내 주십니까? 그러나 하나님 감사합니다." 하고 예배를 다 마치고 아내와 함께 할머니를 위해 간절히 기도해 주었다.

그리고는 예배당 안에 할머니 위해 잠자리를 마련해 드리고 식사 대접도 해드리고 목욕도 시켜 드리면서 날마다 기도를 해주었다.

그렇게 기도 한지 5일 만에 놀랍게도 할머니에게서 귀신이 다 떠나고 정상으로 돌아왔다. 하나님이 깨끗하게 고쳐 주셨다. 할렐루야!

할머니는 자기 몸에 있던 귀신들이 다 떠나가니까 너무 시원하고 살 것 같다면서 고마워하면서 지난날 이야기를 하셨다.

시골에 시집와서 첫 아들을 낳고 25살 때 귀신이 들어와 굿이란 굿은 다해보고 좋다는 약은 다 먹어도 아무 소용이 없어 47년간 귀신들려 고생을 많이 했다는 것이다.

한 영혼이 귀신에 의해 자신의 삶을 다 잃어버리고 헤매다가 하나님께 돌아와 고침을 받고 새사람이 되어 잃었던 자기 인생을 다시 찾은 것이다. 얼마나 하나님의 은혜가 큰지 우리는 하나님께 감사와 영광을 돌리며 기도 하였다.

우리 부부는 "이제 시골 마을에 전도의 문이 열리겠구나." 하고 잔뜩 기대하고 있었는데 그 다음날 할머니는 몸이 다 나았다고 보따리를 챙기고는 대구 아들 집으로 가봐야 되겠다고 하면서 가버린 것이다.

할머니가 떠나니까 허전하면서 교회에는 또 다시 성도가 한명도 없었다.

우리 부부는 성도를 보내 달라고 다시 하나님께 간절히 기도 하였다.

한 일주일쯤 되니까 낮에 마을에 사는 30대 여자 한분 과 40대 남자 한분이 함께 예배당에 들어와서 나를 찾는 것이었다.

나는 두 분에게 어떻게 왔냐고 물으니까 며칠 전에 귀신들린 할머니가 고침을 받고 대구 아들 집으로 갔다는 소문을 듣고 이렇게 찾아 왔다는 것이다.

두 분은 서로 친척이라며 30대 여자가 하는 말이 시나 때나 없이 귀신이 나타나 오라고 하면 밤낮 가리지 않고 논으로 밭으로 산으로 따라 다닌다고 잠도 제대로 자지 못하고 음식도 제대로 먹지 못하여 너무나 몸이 마르고 괴롭힘을 당해 이 병을 고쳐보고 싶어서 찾아왔다는 것이다.

혼자 난생 처음 교회를 찾아오는 것이 너무나 쑥스럽고 힘들어서 이종사촌 오빠를 데리고 같이 왔다는 것이다. 이종사촌 오빠는 4살 때 어머님이 갖다준 초상집 떡을 먹고는 갑자기 고열이 생기면서 갑자기 귀가 들리지 않아 여러 병원을 다녔는데도 고치지 못해 38년 동안 듣지도 못하고 말도 못하는 장애인 생활을 하고 있다는 것이다.

나는 두 사람에게 교회 잘 왔다고 인사를 하면서 3일간 같이 교회에서 금식기도 해보자고 권유 하니까 두 사람 다 좋다고 하는 것이다.

나는 두 사람에게 왜 우리는 예수를 믿어야 하는지 기도는 어떻게 해야 하는지 말과 몸짓으로 전하자 두 사람은 알아듣고 예배당 안에서 금식을 하면서 기도에 힘쓰자 조그만 시골 마을에 소문이 퍼졌다.

마을 사람들이 구경하러 저녁에 교회로 몰려들었다. 모처럼 동네 사람들에게는 큰 구경 거리였다. 마을 할머니들은 구경하느라 집에 가지도 않고 밤에는 예배당 안에서 같이 잠을 자는 것이다.

귀신에 시달리는 여자 분은 이틀째 강대상 앞에서 금식기도 하다가 성령의 불을 받아 온 몸이 뜨겁다고 하면서 기도하는 손이 붙어서 안 떨어진다고 양손을 바닥에 치는 것이었다. 여자 분은 뜨거운 성령의 불에 체험을 하고나서는 자기를 그렇게 괴롭히는 귀신들이 다 떠나가고 아픈 허리도 고침을 받았다면서 너무나 좋아하면서 구경하는 마을 사람들에게 자랑을 하는 것이었다.

이후로 얼굴이 환하게 바뀌면서 새사람이 되어 고침을 받은 여자 분이 이제부터 교회를 열심히 다니겠다고 약속하면서 그날부터 신랑도 교회에 같이 와서 예배를 드리자 마을 사람들이 더욱 더 관심을 갖고 저녁이면 교회에 구경하려 많이 찾아왔다.

금식기도 3일째 되던 마지막 저녁에 말 못하는 사람이 기도 하다가 나에게 와서 몸동작과 수화를 하면서 당신 말대로 3일간 기도 했는데 아무 느낌이 없어서 집에 가겠다는 것이다. 나는 갑작스러운 그런 행동에 당황하여 그 사람을 붙잡고 아직 3일 금식기도가 끝난 것이 아니다. 내일 아침이 되어야 끝난다고 좀 더 같이 기도 하자고 몸짓으로 전달하고는 나는 그 사람과 같이 강대상 쪽으로 가서 간절히 하나님께 기도 하였다. 교회 안에서 구경하던 동네사람들은 밤이 깊어지니까 각자 집으로 가고 할머니 10명 정도 남아서 예배당 안에서 누워 자고 있었다.

밤 12시25분쯤에 강대상 앞쪽에서 기도하던 남자분이 갑자기 교회가 떠날 갈 정도로 큰 소리로 "주여! 주여!" 큰 소리를 내며 외치는 것이었다.

옆에서 기도하던 나도 깜짝 놀라고 교회 안에서 자고 있던 노인분들과 고침을 받은 친척 여동생이 깜짝 놀라 자다가 모두 일어나 무슨 일이 났는가 하고 어리둥절하였다.

이종사촌 여동생과 나는 가까이 가서 보니까 이종사촌 오빠분이 자기의 큰 소리에 자기가 놀라 쓰러져 있었다. 조금 후에 다시 일어나더니 기도 하면서 또 다시 주여 주여 큰 소리로 부르는 것이다. 말 못하는 장애인이 말문이 열린 것이다. 이것을 보고 들은 모든 사람들이 와 하면서 소리를 지르며 할머니들은 일어나서 둥실둥실 춤을

추고 나는 너무나 감격하여 하나님께 감사기도 하면서 눈에서 눈물이 주르륵 흘려 내렸다.

이 사람은 한쪽 벽에 가서 기대고는 발가락을 만지면서 이상하다면서 고개를 갸우뚱 갸우뚱 하는 것이다. 나는 그 사람에게 가까이 가서 물어보았다.

그분의 말이 눈을 감고 기도 하는데 멀리서 십자가가 나타나더니 십자가에서 예수님이 나와서 두 손을 벌리고는 자기에게 오는 것을 보고 자기도 모르게 온 몸이 뜨거워 큰 소리로 불렀는데 "주여" 라는 소리가 나왔다는 것이다.

두 번째 "주여" 라고 크게 부른 것은 천사 둘이 날개를 치며 자기에게 오는 것을 보고 있는데 불덩어리가 자기 뱃속으로 들어와 뜨거워서 소리를 질렀다는 것이다. 그 분은 전혀 생각지도 못한 놀라운 체험을 해보니까 이것이 무얼까 너무 궁금해서 한쪽 벽면에 가서 기대어 고개를 갸우뚱 거리면서 생각을 한 것이라고 했다.

이분은 이후 집에 가서 방문 여는 소리 경운기 돌아가는 소리를 듣고는 너무 좋아서 날마다 예배당에 와서 기도를 하였다.

이분이 기도 할 때 마다 기도 속에서 하나님이 하나하나 가르쳐 주셨다.

"이제 담배를 피우지 말라, 화투 치지 말라, 술 마시지 말라, 제사 지내지 말고 절하지 말라, 돼지 잡지 말라." 이 분은 하나님이 가르쳐 주시는 데로 실천을 했다. 좋아하는 술, 담배, 화투를 하루아침에 다 끊어 버리고 동네에서 돼지 잡는데는 일인자로 소문나 있어서 동네잔치가 있으면 이 사람이 주도하였는데 이 일도 끊어버리고 착실한 성도가 되어 교회에 와서 교회봉사도 열심히 하면서 기도 하는데 힘썼다.

이분은 하나님을 만나고 난후 삶이 완전히 바뀌었다. 이분의 수고와 헌신으로 교회 담장을 만들게 되었고 교회 수리 보수 공사도 할 수 있었다.

하나님의 큰 역사가 일어난 후 주일날 예배드리려고 교회 문을 여니까 동네 아이들과 동네 사람들이 깨끗하고 예쁜 옷을 입고 주일 예배 드리려고 가득 앉아 있는 것이다. 예수 믿겠다고 교회로 찾아온 것이다. 나는 이 모습을 보는 순간 너무나 놀라고 가슴이 뭉클하고 눈가에 눈물이 흐르면서 "아 ! 하나님이 교인들을 많이 보내주셨구나 하나님 감사합니다." 하면서 감사기도 드리고 너무나 신이 나서 힘차게 예배를 인도 하였다. 6개월만에 시골마을에 교회가 세워진 것이다. 기적이다.

이것은 전적으로 하나님이 하신 크신 역사이다.

하나님은 영이시라 우리 눈에는 보이지 않지만 분명히 살아 계시고 도와주신다. 하나님을 의지하고 기도하는 자에게 하나님이 반드시 도우시고 역사 하신다는 것을 다시 한번 가슴 깊이 알게 되었다.

담장공사

담장공사

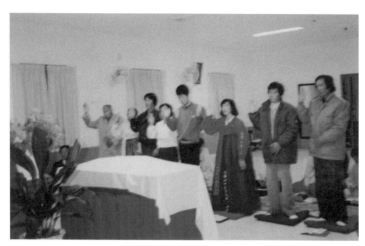

세례식

시골 마을에 첫 자가용

시골에서 사역을 하고 있지만 신학생이라 월요일부터 금요일 까지 서울에 올라가서 공부를 하여야 했다. 시골산간에서 통학을 하려고 하니까 너무 힘이 들었다 버스가 당시에는 하루에 두 서너번 밖에 없었다, 서울 학교까지 가려면 차량을 5번을 갈아 타야만 했다. 새벽 첫차를 타고 가면 서울에는 오후에 도착한다, 도착 하고나면 너무나 힘들어 파김치가 된다.

그런 생활이 너무 힘들어 나는 하나님께 기도 하였다.

"하나님 아버지 교통이 너무나 불편한 시골로 보내 공부 하러 다니기가 너무 힘듭니다. 조그만 자가용 한대 주세요. 그리고 숙박비와 식대비가 너무나 많이 들어 힘듭니다, 이것 해결해주세요" 늘 기도 하고 있었는데 하루는 점심시간에 점심을 먹고 커피 자판기에서 커피를 뽑아 마시고 있는데 1년 후배인 강대길 전도사분이 옆으로 와서 말을 걸어 이런저런 이야기를 하다가 내가 시골에서 교회 사역을 하면서 멀리 서울에 까지 와서 공부 하고 있다는 사실을 알고는 그날 당장 자기 집으로 가자는 것이었다.

나는 수업을 마치고 강대길 전도사분 집으로 같이 가서 처음으로 후한 맛있는 저녁식사 대접을 받았는데 강대길 전도사님과 사모님이 이제부터 자기 집에서 자고 식사도 하고 같이 신학교를 같이 다니라면서 너무나 따뜻하게 대해 주셔서 그날 저녁부터 강대길 전도사님 집에서 자고 식사하고 신학교도 전도사님의 자가용으로 학교를 다니게 되었다. 정말 꿈 같았다.

금요일 아침에 강대길 전도사님과 같이 맛있는 아침식사를 하고 자가용을 타고 학교를 가는 도중에 내가 강대길 전도사님에게 너무나 고맙고 감사하다면서 기도 한번 해주고 싶은데 해도 되냐고 묻자 전도사님이 운전 하면서 기도해도 된다고 하여 나는 전도사님 팔에 손을 대고 하나님께 감사기도 와 축복기도를 하는데 그 시간에 성령님이 강대길 전도사에게 강하게 임하여 방언 기도가 너무나 뜨겁게 나와 도저히 운전 할 수 없다면서 차를 갓길로 세우고는 30분 가까이 기도 하고는 강대길 전도사님이 나에게 대뜸 묻는 것이다. "예전 도사님 하나님께 작은 차량 달라고 기도하고 있죠?" 방금 기도 하는 가운데 하나님께서 나에게 티코 차량을 사주라고 말씀 하셨다면서 오늘 오후 수업 마치고 같이 자가용 대리점에 가자는 것이었다. 나는 너무나 놀라고 기뻐서 어찌할바를 몰라 하면서 눈에서 눈물이 흘러 내렸다.

이것은 하나님의 역사에 감사 표현의 눈물이며 나의 기도 제목을 다 들어주신 하나님의 사랑과 은혜에 대한 뜨거운 표현의 눈물이었다.

수업을 마치고 강대길 전도사님이 나를 데리고 자가용 대리점에 가서 즉시 신형 티코차량을 한 대 구입을 하여 저에게 자가용 키를 주면서 타고 가라고 하는 것이었다. 나는 정말 꿈을 꾸는 것 같았다. 나의 기도의 꿈이 현실로 나타난 것이다. 기적이다.

나는 차를 몰고 시골교회 집으로 가는데 너무나 좋아 차안에서 얼마나 하나님께 감사 기도와 찬양을 하였는지 시골마을 입구에 들어서자마자 차량 경적을 울리면서 들어가니까 마을 사람들이 다 나와 쳐다보고 아이들이 차량을 따라 달리는 것이다. 교회입구에서 차량 경적을 빵 빵 울리니까 사택에서 아내와 아들이 나와서 어리둥절하고 있는 것이다. 아내는 어떻게 된 일이냐고 물어 나는 서울에서 있었던 이야기를 해주자 눈물을 막 흘리는 것이었다.

아내와 함께 예배당에 들어가서 하나님께 감사기도 드리고 있는데 교회 성도들이 소문을 듣고 예배당으로 다 모여 마당에 세워 둔 차량을 보면서 하나님께서 우리 교회에 기적을 베풀어 주셨다고 모두가 기뻐하였다. 시골교회가 마을에서 처음으로 차량을 소유하게 되었다. 비록 조그만 티코 차량이지만 시골 장날에는 장에 가는데 마을 노인들의 발이 되어주고 아픈 사람들에게 병원까지 태워주는 차량이 되어주기도 하고 시골 골짜기 골짜기 홀로 사는 노인들에게 찾아가서 봉사하면서 복음을 전하는 도구로 사용 되기도 하고 아이들을 가득 태워 강가에 가서 재미와 유익을 주는 귀한 도구로 사용 되었다. 비록 조그만 티코 차량이었지만 시골에는 너무나 의미가 담아져 있는 귀한 도구였다. 나는 이 차량과 강대길 전도사님 사모님의 따뜻한 배려와 하나님이 베풀어주신 크신 은혜로 신학 공부를 무사히 마쳤다. 정말 잊지 못하는 추억이며 간증이다. 기적이다.

"지금까지는 너희가 내 이름 (예수)으로 아무것도 구하지 아니 하였으나 구하라 그리하면 받으리니 너희 기쁨이 충만하리라" (요한복음 16장 24절)

하나님의 약속

내가 하나님께 처음으로 부르짖으며 기도할때 들려주셨던 음성 "아들아 너는 전세계에 나가 복음을 전할것이다"라고 3번이나 들려주신 말씀 정말 믿기지 않는 말씀이었다. 나의 형편이나 처지를 보면 도저히 이루어 질수 없는 일이기 때문이다

나는 한편으로 너무 놀라고 한편으로 벅차서 나는 하나님께 "하나님 아버지 나는 장애인이라 아무것도 할수 없습니다 그리고 아무것도 없습니다"라고 속으로 말하고 아버지! 아버지! 부르면서 하염없이 울기만 하였다.

그로부터 5년후 하나님은 나를 약속대로 전 세계로 내 보내주셨다.

제일 먼저 미국을 보내주셨다. 그리고는 뉴욕지역에 집회를 하게 하셨다.

그후로 미국전역을 다니면서 순회 집회를 할수 있도록 하셨고 아프리카 케냐, 탄자니아, 중국, 몽골, 인도, 태국, 일본, 오세아니아, 호주 등을 다니면서 하나님이 하시는 일을 증거하는 집회를 하게 하였다. 그리고 유럽 5개국 독일, 프랑스, 스위스, 이탈리아, 오스트리아, 남미, 멕시코, 필리핀, 스리랑카, 중앙아시아, 카자흐스탄, 미국령 괌, 하와이 등 여러 나라 세계 곳곳을 둘러보게 하셨다. 정말 기적이다.

하나님은 약속을 꼭 지키신다. 신실하신 분이시다.
그리고 약속하신 것은 반드시 성취 하시는 분이시다.

나는 이분을 하나님 아버지라고 부른다. 이분에게 나의 속 마음을 다 말한다. 때로는 답변도 해주시고 가르쳐 주시고 도와주시고 위로도 해주신다. 이분은 참 좋으신 아버지 이시다. 그래서 나는 하나님 아버지를 너무 사랑하고 좋아하고 존경한다.

나는 이분을 만나 인생이 새롭게 완전히 바뀌었다. 정말 꿈만 같다.

미국집회

미국집회

미국집회

미국집회

아프리카 선교집회

아프리카 선교집회

아프리카 선교집회

몽골부흥집회

인도 집회

인도 집회

중국 집회

태국 산족교회 선교집회

일본방문

카자흐스탄 선교 방문

기적

제4부_ 기적이 일어나다

현대판 오병이어

　나는 아무것도 없는 시골에 와서 교회를 개척하여 이만큼 성도를 보내주시고 교회가 부흥되게 해주신 하나님의 은혜가 너무나 커서 교회설립 2주년 기념일 때에는 나는 어떻게 감사예배를 드려야 하나님이 기뻐하시고 하나님께 영광이 될까 생각하였다.

　그때 기도 중에 십계명이 생각났다. 제1계명에서 제4계명까지는 하나님을 사랑하라는 내용이고 제5계명은 네 부모를 공경하라는 말씀인데 이 계명은 지상 계명의 첫 번째 내용이라 교회설립 2주년 감사예배는 지역 노인 분들을 초청하여 경로잔치로 즐겁게 대접 해드리고 예배도 다함께 드리면서 복음을 전해드리는 것이 하나님이 기뻐하실 거라는 생각을 하고 교회 예배 때 광고를 하였다.

"이번 우리 교회 설립 2주년 때는 우리 마을뿐만 아니라 면 전체 17개 부락 노인들을 다 초청하여 경로잔치를 열겁니다." 그러자 성도들이 입을 다물고 아무도 "아멘" 이라고 화답을 하지 않는 것이다.

"성도 여러분 왜 아멘 안하십니까?"라고 묻자, 50대 되는 성도 한 분이 일어나서 "전도사님요, 우리 동네만 해도 노인이 60명 됩니다. 면 부락 전체를 초청하면 수백 명이 될텐데 그 많은 돈이 어디 있으며 어떻게 대접 할겁니까? 그냥 없던 걸로 합시다." 말하자 모든 성도들이 일제히 고개를 끄덕 끄덕 하며 공감을 하는 것이다. 물론 성도의 말씀이 맞다. 교회 현실로 보면 불가능한 일이다.

시골 개척교회 한 달에 들어오는 헌금은 총 15만원 정도 밖에 되지 않는다.

대부분 연세 많은 분들이고 어린 학생들이기 때문이다. 그리고 잔치행사를 할수 있는 봉사자는 대여섯 사람인데 어떻게 수 백명의 음식을 준비하고 모든 수

발을 들것인가 불가능하고 무모한 행동을 하는 것 같았다. 하지만 하나님이 하시면 못할 일이 없으시다는 확신이 있었다.

성경에 출애굽기 14장을 보면 이스라엘 백성들에게 기적과 같은 사건이 일어나는데 이스라엘 백성들이 애굽에서 나와 진군하던 중 사면초가의 상황에 부딪혔다. 앞에는 바다가 가로막고 있고 뒤에는 애굽 군대가 진격하고 있었다. 이스라엘 백성들이 이런 형편을 보고

모두가 불평 불만을 터트리며 지도자 모세를 원망하기 시작했다. 그 때 모세는 백성들을 향해 너희는 가만히 서서 하나님이 어떻게 우리를 도우시는가를 보라고 권고 했다. 육신의 눈으로는 도저히 불가능한 상황에서 모세는 하나님의 역사를 믿었다. 그로인해 하나님께서 모세의 손을 내밀게 하여 홍해바다를 갈라지게 하였고 모든 백성들은 기적같이 홍해바다를 건널 수 있었다.

그래서 나는 성도들을 향해 "성도 여러분 아무 소리 하지 마시고 긍정적인 믿음을 갖고 조용히 이 일에 대해 중보기도만 해 주세요"라고 부탁을 드리고는 혼자 준비하고 진행해 나갔다.

흥겨운 경로잔치를 하려면 먼저 국악이 있어야겠다는 생각이 들어 곧 바로 서울로 올라가서 유명한 국악단체 단장을 찾아가서 시골 경로잔치에 한번 공연 해달라고 부탁을 했다. 그러자 그는 고개를 저으며 우리 단체는 외국이나 대도시에서만 공연을 했지 시골에는 가본 적이 없다면서 거절을 하여 나는 다시 간절히 부탁을 하면서 "단장님이 원하시는대로 공연비 드리고 무대를 잘 꾸밀 것이니 꼭 허락해 달라고" 요청을 하자 고민 하시다가 어렵게 허락해주셨다. 나는 속으로 너무나 기뻤다.

국악단체의 포스터를 한아름 안고 시골로 내려와서 제일 먼저 군수님을 찾아뵙고 포스터를 보여주었다. 군수님이 놀라면서 이런 국악단체가 우리 지역에 오냐며 큰 호감을 갖고는 그날 꼭 참석 하겠다는 약속을 해주었다. 그리고 나니 큰 힘이 생겼다.

지역 면에서도 이 소식을 듣고 행사에 적극 협조하고 지원 하겠다는 연락이 왔다.

나는 더욱 용기가 나서 포스터를 온 부락마다 다니면서 붙이고 홍보했다.

바쁘게 다니다보니까 어느덧 행사가 점점 다가오고 있었다.

하지만 행사 비용을 마련하여 해결 할 수 있는 방법이 전혀 나타나지 않자 마음에서 염려와 걱정이 몰려오면서 아무것도 없는 내가 너무나 큰일을 저질렀구나 하는 생각이 들어와 불안한 마음이 자꾸들어 마음의 중심을 잡기 위해 기도원에 가기로 결정하였다.

나는 아내에게 기도 응답이 올 때까지 기도원에 올라가서 기도하겠다고 하고는 기도원에 들어 가버렸다. 기도원에서 기도 하였지만 첫날은 아무런 영적 감화나 기도 응답이 없었다.

이틀째 낮에 숙소의 간이 침대에 앉아서 성경책을 보려고 뒤적이는데 역대상이 펴졌다 한번 읽어보자 하고 1장 2장 3장 4장을 읽어 내려가는데 구약 역대상 4장 10절에 이르러서 내 눈이 멈춰졌다.

"야베스가 이스라엘 하나님께 아뢰어 이르되 주께서 내게 복을 주시려거든 나의 지역을 넓히시고 주의 손으로 나를 도우사 나로 환란에서 벗어나 내게 근심이 없게 하옵소서 하였더니 하나님이 그가 구하는 것을 허락 하셨더라" (구약 역대상 4장 10절)

이 말씀이 가슴에 확 와 닿으면서 온 몸에 전율이 일어나 곧 바로 무릎을 꿇고 하나님께 기도 하였다.

"하나님 아버지 야베스의 기도가 나의 기도입니다. 이 말씀이 나에게 주시는 말씀인줄 믿습니다. 이와 같이 되게 하여 주옵소서, 믿습니다, 주님 믿습니다. 예수님의 이름으로 기도 드립니다. 아멘."

이렇게 하나님 말씀을 붙잡고 기도 하니까 마음에 평안이 왔다.

다음날 새벽 예배에 참석하였는데 기도원 강사 목사님이 하시는 말씀이 "오늘 말씀은 구약 역대상 4장 9절에서 10절 야베스의 기도에 대해서 말씀을 증거 하겠습니다"라고 하자 나는 깜짝 놀랐다. 그 많은 성경 말씀 구절 중에서 유독 내가 전날 은혜 받으면서 읽었던 성경구절을 강사님이 선택하셔서 오늘 새벽 설교를 하겠다는 말씀에 예배에 참석한 많은 성도들 가운데 나에게 주시는 레마, 즉 약속의 말씀이라고 생각 되어져서 "아멘"을 외치고 기도하는데 눈에서 눈물이 하염없이 쏟아졌다.

"하나님 아버지 감사합니다, 이것이 응답입니다."

나는 새벽예배를 마치고 곧장 밖으로 뛰어나와 공중전화 박스에 가서 아내에게 전화를 했다. "여보 나 하나님께 응답 받았어." 그랬더니 아내가 할렐루야 하면서 나에게 "여보 서울 목동 CBS 기독교 방송국에서 전화가 왔는데, 방송국에서 고은아 권사님이 진행하는 "새롭게 하소서"에 출연하래요. 시골로 내려오지 말고 당신 곧장 방송국으로 빨리 가봐요 나도 서울로 올라갈게요 그곳에서 만나요." 하는 것이다. 나는 당황이 되어 "왜 나를 방송국에서 오라고 하지" 하고 묻자 아내는 자세히 모르겠다고 하면서 "우리 부부 방송국에 같이 참석 하라고 하니까 자기는 지금 서울로 가겠다고 하는 것이다". 전화를 끊고 얼떨결에 숙소에 들어가 짐을 챙기고 기도원에서 나와 서울 목동 CBS 방송국으로 찾아갔다.

그곳에서 아내를 만나 "새롭게 하소서" 프로그램 진행하는 곳에 찾아가니까 고은아 권

사님과 진행자분 그리고 스텝 분들이 반갑게 맞이하면서 우리 부부를 곧 바로 방송실로 데리고 가서 "새롭게 하소서" 녹화방송을 진행 하는 것이었다.

나는 사전에 방송 한다는 것도 알지 못했고 준비도 안되어 있었는데 느닷없이 강권적으로 나를 최고의 시청률을 갖고 있는 인기 프로그램인 "새롭게 하소서" 간증 프로그램에 출연 시키시는 것이었다.

하나님의 깊으신 목적과 의도가 있었던 것이었다.

사회를 진행하던 고은아 권사님이 간증이 은혜가 된다면서 내일 한번 더 출연해 달라고 했다. 다음날 2부 간증 프로그램을 진행하는데 끝부분에서 고은아 권사님이 나에게 질문을 던졌다. 그 질문에 답하는 과정에서 놀라운 하나님의 역사가 나타났다.

"예도해 전도사님은 농촌에 내려가서 사역하신지 얼마나 되셨지요?"

"예, 저는 며칠 후면 2년이 됩니다. 그래서 이번 교회 설립 2주년 때는 다인면에 사시는 모든 노인분들을 초청하여 대접 해드리고 경로잔치를 하면서 복음도 전하고 하나님께 영광을 돌리고자 합니다." "그러면 전도사님, 몇분을 초청 하고자 합니까?" "예 200~300명을 초청 하고자 합니다." "그 조그만 시골교회에서 그렇게 많은 노인들을 초청해서 어떻게 경로잔치를 하십니까?" 예 하나님이 하시면 할 수 있습니다. 하나님이 반드시 할 수 있도록 도와주실 겁니다.

신약 로마서 8장28절에 보면 "우리가 알거니와 하나님을 사랑하는 자 곧 그 뜻대로 부르심을 입은 자들에게는 모든 것이 합력하여 선을 이루느니라."고 하였습니다.

"하나님께서 하나님 백성들을 통해서 선을 이루실줄 믿습니다."

이 멘트가 전파를 타고 전국에 울려 퍼졌다. 하나님께서 라디오로 듣는 이들에게 성령의 감화를 주셨다. 3일 동안 전국에서 경로잔치를 돕겠다고 후원 전화가 빗발치듯 오는 것이었다. 어떤 이는 시골에 있는 저희 교회까지 찾아와서 후원금과 물품을 전달하고 가는 것이었다. 경로잔치 며칠 앞두고 기적이 일어난 것이었다.

CBS 방송국 새롭게 하소서 고은아 권사님과 함께

전국에서 보내주신 후원금을 시골 교회 성도 분들에게 보여주자 모두가 놀라워하면서 정말 하나님은 살아 계시며 역사 하셨다고 믿음이 충만 해지는 것이었다. 성도들은 일제히 합심하여 경로잔치를 열심히 잘 준비하였다.

당일 날 면 단위로 버스를 타고 오시는데 노인들만 500명 넘게 오시고 장년들 청년들 여러 부락에서 오토바이를 타고 경운기를 타고 온 사람들을 합치면 대략 1000명 정도 모인 거대한 행사였다. 우리 동네 역사상 처음으로 사람이 제일 많이 몰려왔다.

감사하게도 면직원, 마을 부녀회 회원들이 발벗고 봉사를 해주어 아무 탈 없이 많은 사람들을 대접해드리고 선물도 주고 풍성하고 흥겨운 경로잔치와 함께 교회 설립 2주년 감사예배를 잘 마칠 수 있었다.

놀랍게도 행사를 마치고 경비를 모두 지급 하고도 돈이 60만원이나 남아 그 돈을 초등학교 장학금으로 기부 하였다.

신약성경 요한복음 6장에 나오는 벳새다 광야에서 보리떡 다섯개와 물고기 두 마리 가지고 예수님께서 남자 오천 명과 부녀자 어린아이들 까지 다 배불리 먹이시고 열두 광주리 남게 하신 내용처럼 이 큰 행사를 다 치루고도 남게 하셨다.

우리 인간이 도저히 상상 할 수 없는 방법으로 하나님이 역사하시고 도와 주셨다. 이것은 하나님의 은혜이다. 또한 기적이다.

하나님 감사 합니다. 너무나 연약하고 부족한 시골 개척교회 전도사를 도와주셔서 감사합니다.

"우리가 알거니와 하나님을 사랑하는자 곧 그의 뜻대로 부르심을 입은자들에게는 모든 것이 합력하여 선을 이루느니라" (신약 로마서 8장 28절)

경로잔치

국악인 초청

장학금 전달

기적의 동산 ..... 은혜의 집

전골이라는 동네 야산에 임야를 수천평을 매입하게 되었다.

그곳에 땅을 사고나니 시골 동네 사람들이 일제히 수군수군 거렸다.

그들의 말을 들어보니 그곳은 물이 나오지 않는곳이고 쓸모없는 야산을 샀다며, 동네 사람들은 나를 바보라고 하였다.

나는 그 소리를 듣고 '그곳에 물이 안나오면 어떻게 하나, 집을 지어야 하는데 큰일 났구나' 싶어 지하수 전문가를 불러 조사를 해보았더니 정말 물이 아주 귀한 곳이라 수맥 찾기가 어렵다고 했다.

그 소리를 듣고나니 기운이 빠져 힘이 하나도 없어졌다. '어떻게 구입한 땅인데 … 분명히 내 마음에 성령님의 큰 감화가 있었고 이 땅을 매입 할 수 있는 놀라운 표적을 보여주셨는데 이것이 어떻게

된 일인가?'

나는 예배당에 들어가서 강대상 의자 앞에 무릎 꿇고 간절히 소리내어 기도했다.

"하나님, 어떻게 된 일입니까? 이게 무슨 날벼락 같은 소리입니까 물이 없으면 어떻게 집을 짓습니까?"

한참을 기도 하는데 하나님께서 나에게 "그곳에 집을 지어라"하는 뜨꺼운 마음을 주시는 것이었다.

나는 확신이 서기 시작했다. "주님 믿습니다. 짓겠습니다"하고 기도를 마쳤다. 어느날 공사를 하려고 논길을 지나가는 길이었다.

마을 주민 남자 두 분이 논에서 일을 하다가 내가 지나가니까 그때 기회다 싶었는지 불쑥 말을 꺼냈다.

"목사님 그 산에다 집 못 짓습니다. 그쪽은 차 다니는 길도 없고 물도 없고, 전기도 없는데 어떻게 집을 짓습니까? 거기에 집을 지으면 내 손에 장을 지지소. 하하하." 호언장담을 하며 나를 놀리는 것이었다. 나는 이에 대해 아무 반응이나 대꾸도 하지않고 산으로 발걸음을 옮겼다.

건축을 시작하려고 건축업자를 불러 함께 현장을 둘러보았다. "이곳에는 건축하기가 힘듭니다. 첫째는 차가 올라올 길이 없고, 둘째는 산에 집을 지으려면 전기 와 물이 있어야 하는데 이런 것이 전혀 없습니다. 세 번째는 포클레인으로 산을 일부 깎아야 하는데 그

후에 토사방지를 위해 세멘으로 옹벽을 쳐야 합니다.

옹벽 공사비만 무려 1억5천만원에서 2억이 듭니다.

그 많은 돈을 들여 공사를 하느니 차라리 저 마을 평지에다가 땅을 사서 짓는 것이 건축비용이 훨씬 적게 들것 같습니다."

모든 여건이 공사 하기에 적합하지 않아서 할수 없다며 건축업자는 산에서 내려가 버리는 것이었다. 다른 건축업자들도 몇 명 더 불러서 상의해봤지만 그분들도 한결같이 못한다고 하는것이었다.

현실적인 상황을 보면 그들의 말이 맞다. 이론적으로나 경험적으로 살펴봐도 공사하기는 적합 하지도 않고 어려운 환경이다. 경운기 한 대가 겨우 지나가는 좁은 농로길, 그것도 꼬불꼬불한 800미터 길, 그리고 물도 없는 곳에 어떻게 집을 짓는다 말인가! 백번,천번 맞는 말이었다.

그러나 나는 하나님이 하라고 했기 때문에 이론이나 기술이나 경험이 아닌 믿음으로 하기로 했다.

하나님 말씀 안에 "내게 능력 주시는 자 안에서 내가 모든 것을 할수 있느니라"(빌립보서4:13절) 라는 말씀을 붙잡고 일을 시작했다.

포클레인 기사를 불러 무조건 땅을 파라고 지시했다. 그런데 놀라운 일이 생겨났다. 흙을 파낸 곳에는 암석들이 나와 시멘트 옹벽을 안 해도 되는 것이었다.

할렐루야! 하나님이 예비하신 땅이라는 것을 알게 해주셔서 너무 감사했다.

　다음으로 세멘트 작업을 하기위해 포클레인 기사에게 일단 웅덩이를 크게 파달라고 했다. 왜냐하면 당장 지하수를 파려고 해도 꼬불꼬불한 좁은 농로길이라 지하수 파는 차가 올라올 수가 없기 때문에 일시적으로 빗물을 받기 위해서 임시방편으로 물을 모을수 있는 웅덩이를 파는 것이다. 그리고 다른 한쪽에는 비가오면 산에서 내려오는 물을 모을 축대를 쌓게 했다. 그리고 나는 예배당에 가서 며칠간 간절히 기도했다.

　"하나님 며칠후면 세멘트 기초 작업을 해야 됩니다. 하나님 파놓은 웅덩이에 비를 내려주소서." 놀랍게도 하나님은 나의 기도를 들어주셨다.

　하늘에서 비를 내려주셔서 빗물을 받아 조그만 소형 모터로 물을 끌어올려 인부를 데리고 세멘트를 비벼서 기초공사를 하게 되었다.

　그 다음으로 건물을 세워야 하는데 길이 너무 좁아 벽돌이나 콘크리트 건물 공사를 할 수가 없다. 어쩔수 없이 조립식 판넬을 가지고 집을 지을 수밖에 없어서 시골에서 경운기 운전을 최고로 잘하는 두사람을 수소문을 해서 구했다. 10미터가 넘는 긴 지붕갓을 두 경운기에 싣고 현장으로 옮기는데, 두 사람의 정교한 운전실력 덕택에 겨우 자재들을 옮길수 있었다. 그런식으로 다른 자재들도 경운기로 옮겨서 공사를 하여 마침내 집을 다 지을수 있었다.

은혜의집 기초작업(시멘트 공사)

은혜의집 공사

은혜의집 완성

은혜의집 완성

공사가 끝날 무렵 지하수 파는 조그만 기계를 수소문하여 구했다. 이 기계는 밑에 자동차 바퀴로 개조되어 있어서 좁은 농로 길이라도 올라갈 수 있었다. 워낙 물이 귀해서 수맥을 찾는데 애를 먹었다. 겨우 수맥을 찾아내어 그 기계로 지하수를 팠다. 양은 많지 않았지만 반가운 물이 나왔다. 물이 없어서 마음고생을 많이 했는데 그래도 물이 조금이라도 나오니 얼마나 반갑던지… 업자와 손을 잡고 참으로 좋아했다.

힘든 건축공사를 모두 끝내고 산위에 집이 우뚝 서 있는 것을 쳐다보니 얼마나 감격스러웠는지 눈에서 눈물이 마구 쏟아졌다.

"하나님 감사합니다. 하나님 고맙습니다. 하나님이 하셨습니다."

산위에서 나는 얼마나 큰 소리로 외쳤는지 모른다. 하나님의 능력으로 집을 지은 것이었다.

이 공사는 하나님의 도우심이 아니고서는 도저히 할 수 없는 일이었다. 그래서 나는 이 건물을 은혜의집 이라고 지었다.

시골에서 자녀들로 부터 버림받은 불쌍한 할머니 6분을 찾아 모셔서 은혜의집에서 돌봐 드리게 되었다.

초창기 은혜의집에는 자동차가 다닐수가 없어서 불편한점이 많았다. 경운기로 다니는데 때로는 할머니가 무섭다고 하면 업고서 다니기도 하였다. 그래서 우리는 자동차로 다닐수 있는 넓은 길을 달라고 할머니들과 함께 6개월간 날마다 집중기도를 하였다. 불가능한 상황을 놓고 기도한 것이다.

800미터 되는 농로길은 논 주인이 십여명이 넘기 때문에 타협을 할 수도 없고 땅도 내주지도 않고 팔지도 않기 때문이다.

그러던중 경북지역에 100년만에 큰 비가 내렸다. 대홍수 였다. 온 동네 의성지역 전체가 난리가 났다. 이 홍수로 말미암아 우리 '은혜의집' 까지 올라오는 800미터 주변 논 과 밭, 농로길 다 훼손되어 버렸다. 이 일로 은혜의집은 며칠간 고립되어 수재민 생활을 하였다.

비가 그치고 복구작업을 하는데 부서지고 소멸된 논 과 밭을 복구 하기위해 덤프트럭들이 흙을 싣고 와서 길을 만들면서 올라왔다. 그리고는 주변의 논과 밭 복구 작업을 하였다. 덤프트럭으로 복구작업이 다 마치니까 저절로 차가 다닐수 있는 길이 생겨버렸다. 그리고는 의성군에서 1억원을 들여서 폭 2,5미터~3미터의 세멘트 도로 포장을 해주었다. 이로인해 은혜의집에 올라오는 길이 경운기가 아닌 자동차가 다니게 되었다. 할렐루야!

이것은 개벽이요, 기적이다. 기적이 일어난 것이다.
버림받고 병든 할머니들의 합심기도가 역사를 일으켰다.

은혜의집에서 할머니들과 둘러앉아 하나님께 감사기도를 드리면서 많이 울었다. 할머니들을 차량에 태워 병원에 다닐때마다 "하나님 감사합니다"라고 꼭 기도한다.

"산에 집을 지으면 손가락에 장을 지진다"고 놀리던 동네 사람들은 나를 피해 다닌다. 믿음이 승리 하였다.

차가 다니고 사람들이 많이 찾아오니까 마실 물이 부족하여 지하수를 다시 파기위해 지하수 업자를 불러 큰 기계로 시추 하기로 하였다.

업자는 며칠간을 기계를 옮겨 다니면서 시추공사를 하여도 물이 나오지 안했다. 업자는 물이 도저히 안나오자 철수를 해야겠다고 나에게 찾아와서 통보 하는 것이었다.

나는 너무나 당황되고 걱정 되었다. 그래서 업자 보고 하루만 더 시추공사를 해보고 물이 안 나오면 포기 하겠다고 하였다.

이 소식을 할머니들에게 전하고 다같이 모여 우리 부부와 함께 합심기도를 하였다. 다음날 업자가 장소를 정하여 기계를 옮겨 시추공사를 하는데 우리는 그 시간에 다시 모여 무릎 꿇고 간절히 합심기도 하였다.

그런데 놀라운 기적이 일어났다. 120미터 암반석에서 생수가 터져 나온 것이다. 우리는 물이 나왔다는 소식을 듣고 밖으로 나와보니 정말 하늘 높이 물줄기가 솟구쳐 올라오는 것이었다.

우리 모두 '와아' 하면서 너무 좋아서 춤을 추었다.

업자가 와서 이것은 정말 신기 합니다 수맥 찾기가 참 힘든곳인데 이렇게 많은 양이 나오는 것은 너무나 보기 드문 일입니다.

얼마나 물이 많이 나오는가 하면 또한 청정지역에 1급수라 이곳에 양식장을 해도 되겠습니다. 하는 것이었다.

지하수 공사

하나님이 우리의 기도를 들어 주신 것이다. 너무나 기쁘고 감사하여 하나님께 마음껏 찬양을 드렸다.

"진실로 다시 너희에게 이르노니 너희중에 두 사람이 땅에서 합심하여 무엇이든지 구하면 하늘에 계신 내 아버지께서 그들을 위하여 이루게 하시리라" (마태복음18장19절)

2번째 대형 교통사고

나는 끔찍한 2번째 대형 교통사고를 당한적이 있다.

경북 상주에서 자가용을 타고가다 넓은 사거리에서 정지 신호가 들어와 대형 덤프트럭 뒤에 차를 정지 시켰다.

나는 차안에서 신호등이 바뀌기를 기다리면서 높은 대형 덤프 트럭 뒤편을 멍하니 구경하고 있는데 갑자기 꽝 하는 천둥같은 큰소리가 들리는 동시에 나와 내 차는 앞에 서있는 대형 덤프 트럭 밑으로 와장창 하면서 들어 가는것이었다.

너무나 순간적이라 "악" 소리도 못해보고 심한 충돌로 인해 나는 기절 해 버렸다.

병원에 후송되고 나중에 병실에 누워서 들어보니까 시내 대형버스 운전기사분이 잠시 졸아 버스를 세우지 못하고 주행하다 내 차를 들어 박았다는것이었다.

이로인해 내 차는 대형 덤프트럭 와 대형 버스에 샌드위치가 되어 완전히 차가 꾸겨지고 부셔져서 폐차가 되었는데 나를 차안에서 꺼낼때는 운전수쪽 문짝을 절단 하였다고 한다.

내 몸은 망신창이가 되었다.

아내는 서울에 가서 볼일을 보다가 교통사고 소식을 듣고 너무나 놀라 급히 고속버스를 타고 병원으로 오는 도중에 버스 안에서 이런 생각을 하였다고 한다. 큰 대형사고를 2번째 겪는거라 이제 죽겠구나 몸도 성하지 못한데 또 교통사고를 당했으니 하나님께 하염없이 눈물 기도 하였다고 한다 살려 달라고 그리고 전 교인들도 목사님 살려달라고 기도 하였다. 나는 하나님의 은혜로 기적처럼 살아났다.

추수감사절의 기적

장모님은 불교에 깊이 심취하신 분이시다.

집에서 늘 불경을 읽고 예불을 드린다,

그리고 자주 절이나 산에 가서서 기도도 하신다.

아내와 함께 처갓집에 가면 처형과 장모님은 일체 기독교에 대해 말을 못하게 하신다.

이러한 종교의 갈등 때문에 우리 부부는 처갓집에서 소외 되고 있었다.

아내는 형제들로부터 소외 와 구박 때문에 서러워 눈물도 많이 흘렸다. 그러나 아내는 어머니 와 형제들의 영혼 구원을 위해 늘 교회에 가서 하나님께 기도를 한다.

어느날 장모님이 대상포진 때문에 병원에 가서 척추에 주사를 맞다가 잘못 맞아 허리를 펴지도 못하고 주저앉아 누워 지내게 되자 대소변 및 병 수발을 곁에서 24시간 돌보아 드려야 할 형편이 되었다.

처갓집 식구들은 제각기 삶에 바쁘게 살다보니까 병든 어머니의 병간호를 위해 처형들이 모여 의논한 가운데 막내 동생에게 맡기자 하여 아내에게 몸져 누워있는 어머니를 집에 데리고 가서 돌보아 달라고 요청이 왔다. 우리 부부는 혼쾌히 승낙을 하였다.

부모님께 효도 할 수 있는 절호의 기회이기 때문에 우리 부부는 서울로 올라가 병상으로 누워 지내는 장모님을 우리 집으로 모셔왔다.

우리 부부는 날마다 기도하면서 지극 정성으로 돌보아 드리자 어머니 아픈 몸이 호전되어 생각보다 빠르게 몸이 좋아져 혼자 일어나 기도 하고 걷기도 하자 장모님은 너무나 기뻐하였다.

아내와 나는 장모님을 모시고 바깥 구경도 자주 시켜 드리고 맛있는 음식도 사드리자 장모님이 마음문을 여시고 사위 와 딸이 목회하는 교회에 나와 둘러보시고 예배에도 참석하셔서 막내사위 목사가 설교 하는것도 들으시고 마침 제주도에 부흥집회가 있어서 제주도 갈 때에는 아내와 함께 장모님을 모시고 가서 제주도 여행도 시켜 드리자 너무나 좋아하셨다.

특히 막내사위가 부흥집회 강사로 교회 강대상에서 말씀을 전하는 모습을 보고는 감격하여 여행을 마치고 집으로 돌아와서는 어머니는 우리 부부에게 "너희들이 예수를 믿고 잘되는 모습 과 잘 사는 모습을 보니까 너무나 기쁘고 소원이 없다. 나도 이제 예수를 믿겠다."고 폭탄선언을 하자 우리 부부는 너무나 놀라 어안이 벙벙하면서 눈에서 기쁨과 감격의 눈물이 흘려나왔다.

마침 다가오는 주일은 추수감사절이라 교회에서 세례식이 있는데 어머니도 세례를 받겠냐고 물어보자 흔쾌히 승낙하면서 세례를 받겠다고 말씀을 하셔서 주일 추수감사절날 사위와 딸이 시무하는 교회에서 하나님 앞에 와 성도들 앞에서 사위목사의 인도로 어머님이 세례를 받는 모습에 모든 교인들이 하나님께 영광을 돌리며 기뻐하며 축하 해주었다. 나와 아내는 가슴이 뭉클하였다.

사위로서 딸로서 예수 믿는다고 20년 넘게 구박과 소외 당하며 눈물 흘렸던 일들이 주마등같이 스쳐가면서 만감이 교차 하였다.

그렇게도 완고하신 장모님이 이제 예수를 믿겠다고 선언하시고 사위에게 세례 받는 모습 정말 감격적이었고 기적이었다.

아내의 간절한 눈물기도 20년 하나님이 베풀어주신 역사였다.

"낙심하지 말지니 포기하지 아니하면 때가 이르매 거두리라" (갈6:8절)

장모님과 제주여행

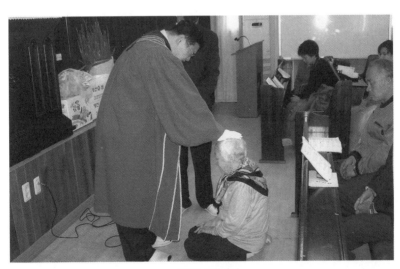

장모님 세례식

3번째 교통사고로 인해 새로운 체험

5년전에 나는 3번째 대형 교통사고를 당했다.

2019년 4월경에 용인에서 인천가는 고속도로 상에서 저희 차량이 자기 차선을 지키며 잘 달리고 있는데 갑자기 어떤 차량이 와서 우리 차량을 갑자기 들이박아 충돌로 인하여 우리 차량이 튕겨나가면서 중심을 잡지 못하고 고속도로 한복판에서 지그재그로 달리면서 다른 차량들을 박고는 차는 멈췄다.

나는 운전대를 잡고 중심을 잡으려고 용을 쓰다가 어깨 인대가 파열되고 정신을 잃어 버렸다.

교 통 사 고 사 실 확 인 원

		교통사고 접수번호	1 지구대 경찰서 제2020-000365호

성 명	예도해	☐ 가해자 ■ 피해자	주민등록번호	
주 소			(전화번호 :	)
운전면허	종별 : 제1종 보통	번호 : 11-88-835063-81		
사고차량	차종 :	번호 :	(소유자 :	)

사고개요	발생일시	2019.04.06 17:35
	발생장소	경기도 용인시 기흥구 마북동 영동고속도로 42.6KM(인천방면)
	사고유형	■ 차대차 ☐ 차량단독 ☐ 차대사람 ☐ 기타
	사고원인	안전운전의무위반
	피해내용	인피 : 사망 0 . 부상 9 명 물피 : 원 상당
	사고내용	#1차량이 편도6차로 중 4차로를 진행하다 같은차로를 앞서 진행하던 #2차량 후미를 추돌하자 이 충격으로 #2차량이 앞으로 밀리면서 같은방향 앞서가던 #3차량 뒷부분을 충격한 뒤 진행방향 왼쪽(3차로)로 튕겨져 나갔고, 3차로를 진행하던 #4차량이 #2차량을 진행방향 왼쪽(2차로)로 피하면서 2차로를 진행하던 #5차량 조수석 앞면부분을 #4차량 운전석 앞부분으로 충격한 후 2차로를 진행하다 다시 한번 #5차량 뒷부분을 #4차량 운전석 앞부분으로 부딪친 뒤 진행방향 우측 4차로를 진행하던 #6차량 뒷부분을 #4차량 조수석 앞부분으로 충격한 사고로 추정됨.(#6차량 블랙박스 후방 영상)

용 도	법원용
담 당 자	용인서부경찰서 교통조사계 경장 정성호

위와 같이 교통사고를 취급한 사실이 있음을 확인합니다.

2020 년   04 월   13 일

용 인 서 부 경 찰 서 장 [인]

사 고 현 장 약 도

(축소비율 : 1/400)

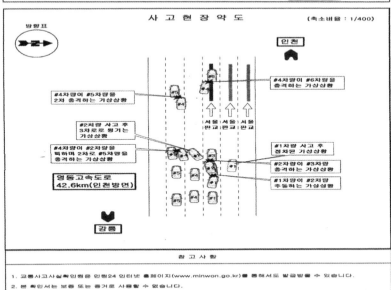

참 고 사 항
1. 교통사고사실확인원은 민원24 인터넷 홈페이지(www.minwon.go.kr)를 통해서도 발급받을 수 있습니다.
2. 본 확인서는 보증 또는 증거로 사용할 수 없습니다.

이 다중 충돌사고로 인해 우리 차량은 많이 파손되어 폐차 되었다. 그때 고속버스나 대형 화물차량이 달려 왔다면 또 다시 큰 충돌로 나는 고속도로상에서 즉사 하였을 것이다 생각만 해도 정말 아찔한 자동차 충돌 사고였다,

이러한 자동차 충돌 사고 속에서 하나님이 나를 살려주셨다.

나는 병원으로 후송되어 입원 치료 받는데 경추와 어깨와 척추 허리에 손상을 많이 입어 수술도 하고 몇 개월간 입원 치료 와 재활 치료를 받았다.

병원 생활이 장기화 되자 병원 안 생활이 갑갑하고 지루 하였다.

특히 한밤중에는 통증 과 함께 잠이 오지 않을 때는 기도 하면서 노트를 꺼내어 마음에 감동을 주시는대로 글을 써 내려갔다.

이러한 일이 하루 이틀 쌓여가니까 적었던 글들이 시가 되어 "별빛이 시가 되어 너의 마음에 담는다."는 시집을 만들 수가 있었고 영문으로 번역되어 출간 하게 되었다.

그리고 병상에서 하나님께 찬양을 드릴 수 있는 작사의 글들이 나와 찬양곡 13개를 만들 수 있었다. 나를 아는 모든 지인들이 내가 시집을 내고 찬양가사를 지은 것을 보고 모두가 한결같이 믿어지지 않는다고 한다.

나는 어릴 때부터 글 쓰는 것을 싫어하고 운동과 그림을 그리는 것을 좋아했다. 그러다보니까 자연스럽게 책 보는 것을 멀리하고 활

동하는데 시간을 많이 소비하였다.

주님을 만나고부터 신앙생활 하면서 기독교에 관한 책들을 조금 읽은 것뿐이다.

그런 내가 시집을 냈다는 것이 신기할 따름이다.

그리고 나는 정말 음치다.

어릴 적부터 목소리가 잘 올라가지 않고 음 높낮음을 잘 못한다.

그래서 아내로부터 지적을 많이 받는다.

나에게는 트라우마가 있다.

중2학년때 음악시간에 돌림 노래를 부르는데 갑자기 음악 선생님이 지휘봉을 탁자에 여러번 치면서 노래를 중지 시키고는 많은 교우들 앞에서 "창문 쪽에 첫째줄 중간에 앉은 학생 너는 노래를 너무 못하니까 앞으로 음악실에 오지 말고 교실에 남아서 가방 지키라"고 하자 모든 학생들이 웃고 나는 너무나 부끄러워 도망치듯 나와버렸다. 그때부터 나는 음악과 노래하는 것 담을 쌓았다.

사회에 나와 대중들 앞에 서서 노래 하는 것 있으면 슬그머니 빠져버린다.

그런 내가 찬양 가사를 쓴 악보가 13개가 된다.

이것은 전적으로 하나님이 개입 하셔서 나에게 기적을 베풀어 주신 결과물이다.

병원에서 쓴 시와 가사 악보

산 밑에 백합화야

산 밑에 피어난 백합화야
너는 어쩜 그렇게도
아름답게 피어났을까

너의 아름다운 모양에
산 언덕에 있는 많은 꽃들이 시기하네

산 밑에 피어난 백합화야
너의 향기는 어쩜 그렇게도 진할까
온 들녘을 가득 채우네
너의 아름다운 향기는
꽃 들 중에 으뜸이구나

산 밑에 피어난
아름다운 백합화야
너는 어쩜 그렇게도
순결하고 사랑스러운지

이 아름답고 순결한 백합꽃 피기까지
산에서 불어오는 바람에
얼마나 많이 흔들렸을까

너는 많은 꽃들 중에 가장 아름답고
향기로운 예쁜 꽃 이구나

Lily under the mountain

Lily under the mountain
How beautiful you are

Other flowers in the mountain
Are jealous of your stunning appearance

Lily under the mountain
How is your scent so rich
It is filling the whole field
Your charming scent
Is the best among all the flowers

Lily under the mountain
How pure and lovely you are

For this beautiful flower to bloom
How much of beating
It must've got from the strong wind

You are the prettiest
And fragrant flower among all the flowers

희 망

세상을 색안경으로만
바라보지 마세요
아름다운 꽃들도 바라보세요

눈앞에 펼쳐진 먹구름만
바라보지 마세요
저 너머 하얀 구름도 바라보세요

실패했다고 포기하지 마세요
일어날 수 있어요
너무 슬퍼하지 말아요 지나가니까요

닫혔던 마음 문을
활짝 열어 보세요
새로운 희망이 생겨요

당신의 눈을
아름다운 하늘을 바라보세요
그러면 희망이 보일 거예요

Hope

Don't just look at the world with bitterness
Look at the beautiful flowers

Don't just look at grey clouds
Look at the blue sky beyond

Don't give up because you failed
You can stand up again
Don't be so discouraged as this is just a phase

Open your closed heart wide open
There will be a new hope

Look at the magnificent sky with your eyes
Then you will see hope

당신도 그래

보면 볼수록 사랑스럽고
바라만 봐도 사랑스럽다
당신도 그래

안 보면 보고 싶어지고
떨어지면 더 보고 싶어지는것
당신도 그래

You too?

The more I look, the more adorable you are
Just looking at you makes me happy
You too?

If I don't see you, I miss you
When we are apart, I miss you more
You too?

마지막 잎새

고운 단풍으로 입힌
마지막 잎새여

가을이 지나가는데
왜 그대는 가지 못하고 머물고 있나요

정 때문 인가요

가을바람에 흔들리는
마지막 잎새여

가을바람에 못 이겨 떠나는 것 같이 하오
그래야 겨울바람 손님이 찾아옵니다

계절에 못 이겨 떨어지는
마지막 잎새여

그대가 바람에 흩날려 떨어지면
머무는 그 자리에 낙엽이 되어주오

연인들이 낙엽을 밟으며
사랑을 나눌수 있도록

The last leaf

Oh my last leaf
With a beautiful autumn foliage

Why are you still hanging even though the autumn is at its end

Is it your strong bond with the tree?

Oh my last leaf
Shaking in the autumn wind

Pretend you couldn't overcome the autumn wind
Then the winter wind can come

Oh my last leaf
You couldn't beat the season

If you fall due to strong wind
Keep your place as a fallen leaf

So that lovers stepping on you
Can share their love

꽁지머리

머리카락을 고무 밴드로 찔끈 묶어
볼록 솟아 올라온 꽁지머리

동그란 얼굴에 활짝 웃는
아가의 웃음은 어쩜 이렇게도 이쁠까

신나는 아기상어 노래에 흥겨워
엉덩이를 실룩 실룩
꽁지머리를 좌우로 흔들면서 춤추는 아가의 모습

어쩜 그렇게도 귀여운지
오늘도 꽁지머리 한 아가 가
내 앞에 나타나 씨익 웃는다

너무 사랑스럽다

Ponytail

A perfect ponytail
Tightly tied with a rubber band

Her innocent smile on a round face
How is she this adorable

Dancing to the Baby Shark song
Shaking her tiny body
Her ponytail dancing with her

How cute she is
A ponytailed girl appears in front of me yet again
And greets me with a smile

My heart melts

치료의 역사

병원에서 퇴원하여 통원 진료를 받는데도 통증의 강도가 가라앉지 않고 지속적으로 심해져 생활하기가 너무 불편 하였다. 지팡이를 짚고 다니지 않으면 조금도 움직이고 다닐 수가 없었다.

의료진의 소견은 목 경추와 허리를 수술을 해야 통증이 덜해진다는 것이다.

통증을 없애기 위해 목 앞 뒤 와 척추 허리부분을 수술 한다면 나는 목석같은 인간이 되는 것이다.

나는 두 가지 중에 하나를 선택을 해야 할 입장이다.

목석으로 살 것인가 통증으로 살 것인가 한동안 고민에 빠졌다.

많은 생각 끝에 나는 통증과 함께 지내기로 선택하였다.

그래도 매일 통증이 와도 몸은 자유롭게 움직일 수 있는 것이 나을 것 같아서 나는 매일 통증완화 패치파스 와 약 그리고 지팡이로 살아가고 있었다.

나에게 없어서는 안될 존재이며 필수품이다. 그러다가 통증이 심하게 오면 때로는 거동도 하지 못하고 잠도 잘 자지 못한다.

정말 통증으로 이러한 불편한 생활을 지속적으로 하다보면 생활의 리듬이 완전히 깨어져 불면증 과 의욕 과 식욕이 다 떨어져 여간 힘든 것이 아니다.

얼마 전에는 통증이 너무나 심하게 와 꼼짝없이 침대에서 누워서 지내야만 하였다.

조금이라도 몸을 움직이면 너무나 아파. 몸을 좌우로 조금도 움직일 수도 없었다.

잠도 하루에 겨우 1시간 내지 2시간 밖에 자지 못했다,

화장실에 가려고 하면 아내의 부축을 받아 힘들게 겨우 갈수가 있었다. 이러한 생활을 침대에서 며칠간 하니까 정말 죽고 싶은 심정 이었다.

너무나 통증에 시달리고 아프니까 하루는 낮에 침대에 누워서 큰소리로 울면서 하나님께 애절하게 기도를 하였다.

"하나님 아버지 너무 아파요 나를 치료 해주세요. 하나님 아버지

는 전지전능 하시고 치료하시는 하나님이라고 말씀 하시지 않았습니까. 저는 믿습니다. 하나님 아버지 능력의 손으로 나를 치료해 주셔요. 이 아픈 허리 통증을 완전히 사라지게 해주셔요." 하고 방안에서 큰 소리로 5분 정도 기도를 하였다.

그리고는 침대에서 눈을 감고 누워 있는데 묵직한 주의 음성 한 마디가 내 귀에 들리는데 "일어나라" 하는 것이었다.

나는 너무 놀라 이 한마디 음성에 나도 모르게 벌떡 침대에서 일어나 버렸다. 그리고는 바로 서서 다리를 벌려 침대에서 나와 방바닥을 밟고 곳곳하게 서서 양쪽 다리를 움직였다. 그리고 몇 발자국 걸어 보니까 전혀 아프지도 않고 내가 스스로 걸을 수 있는 것이었다. 나는 너무나 놀라고 기뻐서 부엌에서 일하고 있는 아내에게 향하여 걸어 가면서 "여보 여보 하나님이 나를 고쳐주셨어 방금 나를 고쳐주셔서 이것 봐 이렇게 걸어 다니잖아 지금 아프지도 않고 통증도 없어 하나님이 나를 치료해주셔서" 하니까 아내도 놀라면서 나의 걷는 모습에 "정말 하나님이 고쳐주셨네 너무 신기하다" 하면서 기뻐하는 것이었다.

우리 부부는 하나님께 너무나 감사하여 식탁에 앉아서 함께 하나님께 감사기도를 드리면서 영광을 올려 드렸다.

이후로 나는 누워 있지않고 내 스스로 마음껏 걸어 다닐수 있는 사람이 되어 그동안 의지했던 약, 통증완화 패치파스, 지팡이 모두 집어던져 버리고 매일 동네 한바퀴를 스스로 걸어 다니며 잠도 잘 자고 식사도 잘하고 탁구장에 가서 운동하는 건강한 모습으로 완전히 바뀌어졌다. 지금은 너무나 건강하여 사람들이 놀라워 한다.

세상 의학으로 고칠 수 없는 나의 병든 몸을 하나님이 나를 성하게 고쳐주셨습니다. 할렐루야!

"그 이름을 믿으므로 그 이름이 너희가 보고 아는 이 사람을 성하게 하였나니 예수로 말미암아 난 믿음이 너희 모든 사람앞에서 이같이 완전히 낫게 하였느니라" (신약 사도행전 3장 16절)

하나님은 살아계셔서 지금도 자신을 찾고 믿고 기도하는 모든 자들에게 놀라운 기적을 베풀어 주십니다.

신비로운

2024년 1월에는 경기도에 눈이 자주 내렸다.

1월말경 그날도 밤새 눈이 내렸다.

오전 일찍 볼 일을 보기위해 나는 옷을 챙겨입고 가방과 조그만 짐을 들고 아파트 입구쪽에 내려가보니까 현관문 앞에는 온통 새하얗게 눈이 쌓여 있고 얼어 있었다.

나는 자동 현관문을 열고 막 나가는데 현관문 앞에 놓인 헝클어진 두꺼운 헝겁 천을 밟고 발걸음을 떼는 순간 신발이 헝클어진 헝겁 천에 걸려 중심을 잃고 나는 계단 앞으로 소리 내면서 크게 넘어졌다.

손에 들고있는 가방과 짐이 바닥으로 굴러 떨어지고 손과 팔은 세멘 계단 쪽으로 크게 부딪혔다. 손에는 피가 나고 어깨와 팔이 너무 아프지만 창피하고 부끄러워 얼른 일어나 가방과 짐을 주섬주섬 챙겨 다시 집으로 들어갔다.

집안에 들어가 상비약품을 꺼내 아픈곳에 응급처지를 하고 휴식을 취했다. 며칠이 지나도 통증과 아픔이 가라앉지 않고 지속 되었다.

날이 갈수록 어깨와 팔이 들수 없도록 아프고 통증이 자주 와 밤에 잠을 잘수가 없었다. 한 밤중에 자주 깨어 일어나 약을 바르고 파스를 붙이고 진통제 와 소염제를 먹고 통증을 가라 앉히는데 여간 고통이 아니었다.

일주일이 지나도 낫는 차도가 보이지가 않아 큰 병원에 가서 진료를 한번 받아 보아야겠다고 마음을 먹고 한림대학교 동탄성심병원에 전화 예약를 하였다.

2024년 2월5일 한림대학교 동탄성심병원에 진료 받으러 오라고 하여 2024년 2월 5일 정형외과에 진료를 받으러 갔다.

담당의사 교수님이 진료를 하시는데 이학적검사 및 초음파 검사를 하는데 초음파 기계에서 나오는 영상을 보여주면서 말씀을 하시는데 어깨에 큰 충격을 받아 회전근개파열(어깨와 팔을 연결하는 부분에 있는 힘줄)이 되어 너들너들 하는 모습들이 보인다면서 보여주면서 설명을 해주는것이었다. 나는 영상을 바라 보면서 "이래서 밤에 잠을 자지못하고 통증에 시달리면서 지냈구나" 하는 생각이 들었다.

담당의사님이 수술을 해야할 문제이기 때문에 MRI 검사를 해야한다고 하여 진료 진단서를 받고 (상기환자 초음파상 회전근개파열이 진단되어 정밀 진단을 위한 자기공명영상 검사가 필요할것으로 사료됩니다) 나와서 MRI 촬영 예약신청을 하고 집으로 돌아왔다.

집에 와서 어깨수술에 대한 부담감과 걱정이 많이 되어 내 방에 들어가 하나님께 간절히 기도 하였다.

"하나님 어깨 힘줄이 파열되어 너덜너덜하고 통증이 심하여 수술을 해야 한다고 합니다. 내 안에 계시는 성령하나님 내 어깨를 직접 치료하셔서 수술하지 않도록 해주세요! 하나님 제가 교통사고로 인해 병원에서 오른쪽 어깨 수술할 때 얼마나 아팠는지 그리고 얼마나 고생했는지 아시잖습니까? 하나님! 하나님이 직접 나의 왼쪽 어깨 힘줄을 고쳐주셔요. 베드로가 칼을 빼들어 대제사장 종 말고의 귀를 잘라 땅에 떨어진 귀를 예수님이 주워 말고의 귀를 붙여주신 것처럼 (신약 요한복음18장10절, 누가복음 22장 50~51절)

제 파열된 힘줄들을 깨끗이 고쳐주십시오 라고 기도한 후 손을 아픈 왼쪽어깨에 대고는 예수그리스도 이름으로 명하노니 나의 왼쪽 어깨 파열된 힘줄은 붙을찌어다 깨끗이 치료 될찌어다."라고 외치면서 간절히 기도 하였다.

통증이 올 때마다 나는 아픈 왼쪽 어깨에 손을 얹고 이와 같은 기도를 지속적으로 하였다.

2024년 2월11일 밤 4시경에 잠에서 깨어 일어났는데 이상하게 어깨와 팔이 아프지도 않고 통증이 없어서 이상하다하고 팔을 들어보니까 팔이 들리면서 아프지가 않아 다시 팔을 왼쪽 오른쪽으로 움직여 틀어보아도 아프지도 않고 팔을 들어 뒤로 젖혀봐도 아프지가 않아 "이게 뭐지" 하고 내 자신이 놀라워하면서 "하나님이 나의 어깨와 팔을 치료 해주셨나"하는 생각이 들자 기쁘고 흥분이 되어서 다시한번 일어나서 어깨와 팔을 크게 움직여 보았다.

하루가 지나고 이틀째에 어깨와 팔이 전혀 아프지가 않아 내 마음에 확신이 와 아내에게 가서 "여보 하나님이 내 어깨를 고쳐주었어 지금 하나도 아프지 않아 통증도 없고 이렇게 팔을 들고 젖혀도 괜찮아" 나의 이런 모습에 아내도 놀라워 하면서 "정말 하나님이 고쳐주셨네" 하면서 좋아하는 것이었다.

3일후에 2024년 2월14일 한림대학교 동탄성심병원 영상의학과에 찾아가서 어깨에 관한 MRI 촬영을 하였다.

촬영을 끝나고 결과는 2월22일날 하니까 진료 예약을 하라고 하여 신청을 하고 집으로 돌아왔다.

2024년 2월22일날 정형외과 담당의사 교수님께 찾아가서 MRI 영상 판독 결과를 보는데 담당의사 교수님께서 모니터 2대에 나오는 MRI 영상을 번갈아 가면서 보는데 이상한지 계속 모니터 2대에서 나오는 영상들을 마우스를 움직이면서 유심히 보시는데 고개를 갸우뚱 하는것이었다.

그리고는 저한테 "이제 어깨가 아프지 않죠!" 묻기에 나는 "네" 하고는 담당의사 교수님 앞에서 팔을 들어 올리면서 "며칠전부터 이렇게 들고 젖혀도 아프지가 않습니다" 라고 하자 담당의사 교수님이 "영상을 보니까 파열된 힘줄들이 깨끗이 붙어있고 조그만 염증자국만 남아 있네요. 집에 가셔서 따뜻한 목욕을 하시고 어깨에 온찜질 하시고 처방하는 약 며칠만 먹으면 괜찮을 것 같습니다." 하면서 진단결과를 말씀을 해주시는데 나는 너무 기뻐서 담당의사 교수님에게 "감사합니다" 하고 인사를 하고는 곧장 집으로 와서 아내에게 진단결과를 이야기를 해주자 아내도 덩달아 기뻐하는 것이었다. 이 소식을 아들 부부와 막내 처형에게 전화로 알리자 모두가 신기한다고 하면서 기뻐 하였다.

정말 하나님은 신비하게 나의 왼쪽 어깨를 깨끗이 고쳐주셨다.
수술할 필요없이 깨끗하게 완전하게 고쳐주셨다,
고쳐주시는것도 내가 잠들었을 때 해주셨다.

성경에 나오는 아담같이 창세기 2장21~23절을 보면 하나님이 아담을 깊이 잠들게 하고는 갈빗대 하나를 취하고 살로 대신 채우시고 그 갈빗대로 여자를 만드셨다는 말씀이 있는데 하나님이 아담의 몸 안을 직접 수술하여 갈빗대를 하나를 꺼내고 봉합까지 하였지만 아담은 전혀 아픔이 없었고 오히려 다가오는 여자에게 "내 뼈중의 뼈요 살중의 살이라"고 기뻐 했다는 내용이 있다.

정말 하나님이 치료하시면 전혀 아프지 않게 완전하게 수술하여 고쳐주신다. 세상 의학 수술은 그렇지 않다. 수술 전·후 많이 아프게 하며 수술 과정에 완전하게 깨끗하게 치료하지 못할 때가 더러 있다.

그러나 하나님은 얼마나 완전하게 하시는지 나의 어깨 MRI 영상을 보면 알 수 있다. 여러 힘줄이 파열되어 너덜너덜한 것을 깨끗이 봉합 되어있다.

하나님이 직접 치료(수술)하는 동안 나는 전혀 아픔을 느끼지 못하고 편히 자고 있었다. 깨어나보니까 나도 모르게 치료가 되어 있었다.

그리고 하나님은 그곳에 아주 조그만 염증 자국 하나를 남겼다.

염증자국은 나를 위해서였다.

어깨를 고쳤다고 이제 아프지 않다고 어깨와 팔을 심하게 사용할

까봐 약 처방기간과 온찜질처방 기간을 갖을수 있도록 천천히 사용하라고 그리고 하나님이 너 왼쪽 어깨를 치료한 것을 잊지 말라고 염증을 남겨주셨다는 것을 깨닫게 되자 하나님께 감사할 수밖에 없었다.

2024년 3월4일 한림대학교 동탄성심병원 정형외과에 찾아가서 최종결과 진단서를 떼었다. 진단서 결과내용은

"임상적 추정 좌측 어깨 회전근개 부분적 파열 (질병분류기호 M751)

최종진단 좌측 어깨 회전근개 건염 (질병분류기호 M751)

상기 환자는 이학적 검사 및 자기공명영상 촬영하여 상병 진단하여 외래추시중임"

너무나 확실한 증거자료이다

하나님아버지 정말 감사합니다.

하나님은 너무나 자상하시고 세심하시고 신비로우신 분이십니다.

아픈 저에게 찾아오셔서 치료해주셔서 감사합니다.

하나님은 영이시라 우리 눈에는 보이지 않지만 언제나 존재하고 살아 계십니다.

누구든지 살아계신 하나님께 간절히 기도하면 어떠한 질병이나 아픔이나 도저히 내 힘으로 해결할 수 없는 문제들을 하나님이 반드시 해결 해주시고 고쳐주시고 낫게 해주십니다. 지금 이 시간에도 도와주십니다.

<table>
<tr><td colspan="2">재발급
2024-02-28</td></tr>
</table>

진 단 서

등록번호	190783159
연 번 호	2024010398

환자의 성명	예도해	주민등록번호	
환자의 주소			

임상적 추정	최종진단	질 병 명	질병분류기호
☐	☑	(주상병) 회전근개증후군	M751

발병 연월일 (초진)	환자진술 (2024-02-05)	진단 연월일	2024-02-05

치료 내용 및 향후 치료에 대한 소견	상기환자 초음파상 회전근개파열이 진단되어 정밀 진단을 위한 자기공명영 상 검사가 필요할것으로 사료됩니다.

입원·퇴원 연월일	입원일:	퇴원일:
용 도	제출용	
비 고	단 정형외과 영역에 한하는 소견으로 타증상, 합병증 발병시 진단명, 가료 기간의 변경이 있을수 있음	

「의료법」 제17조 및 같은 법 시행규칙 제9조제1항에 따라 위와 같이 진단합니다.

의료기관 명칭 : 한림대학교동탄성심병원

주소 : 경기도 화성시 큰재봉길 7 (석우동 40)

2024년 2월 5일

☑ 의사 ☐ 치과의사 ☐ 한의사 면허번호 제 49573 호

성 명 : (서명 또는 인)

작 성 방 법

1. 환자의 인적사항은 진찰한 의사가 주민등록증, 기관 또는 전 여권, 운전면허증, 공무원증, 국공립대학 학생증, 군무원증, 의료보험증, 외국인등록증 등
   국가공인 신분증(환자가 미성년자인 경우는 주민등록등본·초본, 학생증 등으로 대체 가능)과 대조하여 확인하거나 서명 또는 날인합니다.
2. "질병명" 란에는 "임상적 추정"과 "최종진단" 중 택일하여 [ ]에 체크(√) 표시하고, 질병명은 한글로 적음. 영어로 적을 경우에는 한글과 함께 적으며,
   한국표준질병 분류번호를 기입합니다.

240003210199

본 증명서는 전자적인으로 발행되며 진위여부는 연번호를 통하여
본원 의무기록팀(031-8086-2136)에서 확인하실 수 있습니다.

210mmX297mm[백상지 80g/㎡]

일반진단서
1 / 1

초음파 검사결과 진단서

진 단 서

등록번호	190783159
연 번 호	2024016687

환자의 성명	예도해		주민등록번호	
환자의 주소				

임상적 추정	최종진단	질 병 명	질병분류기호
☐	☑	(주상병) 좌측 어깨 회전근개 건염	M751
☑	☐	(부상병) 좌측 어깨 회전근개 부분층 파열	M751

발병 연월일 (초진)	환자진술 (2024-02-05)	진단 연월일	2024-03-04

치료 내용 및 향후 치료에 대한 소견	상기환자는 이학적 검사 및 자기공명영상 촬영하여 상병 진단하여 외래추시 중임.

입원·퇴원 연월일	입원일:		퇴원일:
용 도	제출용		
비 고	단 검형외과 영역에 한하는 소견으로 타종상, 합병증 발병시 진단명, 가료 기간의 변경이 있을수 있음		

「의료법」 제17조 및 같은 법 시행규칙 제9조제1항에 따라 위와 같이 진단합니다.

의료기관 명칭 : 한림대학교동탄성심병원

주소 : 경기도 화성시 큰재봉길 7 (석우동 40)

2024년 3월 4일

☑ 의사 ☐ 치과의사 ☐ 한의사 면허번호 제 49573 호

성 명 : (서명 또는 인)

MRI 검사 최종결과 진단서

ⓒ 운풍, 2024

개정판 1쇄 발행 2024년 4월 30일

지은이 · 운풍

발행인 · 예종륜
발행처 · 시가출판사
　　　　경상북도 의성군 다인면 서부로 3153-66 101호
　　　　전화 054) 861-3203
　　　　이메일 ciga2124@naver.com

ISBN 979-11-984444-2-4(03230)